AF606270

Les sentiers de la Liberté
Ou tribulations d'une Voyante en pays catholique

Claire Bradacs

Les sentiers de la Liberté
Ou tribulations d'une Voyante en pays catholique

ISBN : 979-10-422-1843-0

Tous les faits relatés sont ma vision des événements
et aucun de ces faits n'a été inventé.
J'ai juste essayé d'être au plus proche
de la vérité et de la réalité vécue.
Les noms cités ne le sont qu'avec des initiales
pour garantir l'anonymat de toutes les personnes
qui font partie de ce récit.

Je remercie toutes les personnes
qui se reconnaîtront m'ayant soutenue
dans mon combat si difficile pour la liberté
de vivre la vie qu'on a choisie
et pour laquelle on est aussi destiné(e).

N'y voyez surtout pas une condamnation
du catholicisme ou un endoctrinement islamiste,
mon but étant vraiment de montrer
comment certaines incohérences sont générées
par la peur simplement et aussi
par les jugements à l'emporte-pièce.

Merci à toi, cher ami lecteur, chère amie lectrice,
de prendre le temps de lire mon histoire.

Prologue
Les questionnements

Mon enfance se déroula comme dans un conte de fées. Les repas de famille sous le ciel azur, les senteurs des fleurs dans le jardin, les jeux avec mon frère et ma sœur dans la piscine – pas de télévision encore à l'époque, ou alors en noir et blanc, donc pas intéressant pour nous les enfants : la belle vie quoi ! Pourtant vers l'âge de quatre ans, je ressentais déjà dans ma tête d'enfant que nous n'allions pas rester vivre dans cette si belle région du sud de la France.

Nous habitâmes en Allemagne pendant ensuite quatre ans, mon père cherchant à évoluer dans son domaine, la parfumerie et la chimie organique. Je m'y fis beaucoup d'amis et amies, surtout à l'école, et ce fut un vrai déchirement, quand, vers l'âge de huit ans, nous partîmes vivre en Suisse. Mais plus tard, à l'âge adulte, je me demandais aussi pourquoi personne n'avait parlé des vraies origines de notre nom de famille. Je ne me savais d'origine magyar que vers dix-sept ans, quand dans un cours d'histoire, le professeur parla de la Hongrie durant une heure. Je crois que le père de mon père avait une histoire un peu mystérieuse, personne n'en savait rien et les seuls qui pouvaient en parler, mon père et ma grand-mère, n'en ont parlé que très peu de leurs vivants. Tout à fait étrange quand j'y pense… un mystère qui devait s'épaissir au fil du temps par de nombreux non-dits… je savais juste qu'il était souvent de mauvaise humeur, mais mon père ne m'a jamais parlé de lui.

À cette époque, nous venions d'emménager, mes parents, ma grand-mère, ma sœur, mon frère et moi, dans un grand appartement à Dübendorf, en Suisse alémanique. Je trouvais cet appartement avec ces moquettes partout trop propre et très vide, dans le sens où il paraissait totalement aseptisé et sans chaleur humaine, cet appartement me semblant être sans vie avec cette route cantonale qui passait juste sous les fenêtres des chambres à coucher. Je me sentais perdue malgré le fait d'être en famille, j'avais quitté tous mes amis et amies de l'école en Allemagne et mes repères d'enfant étaient flous. Simplement, je ne me sentais pas du tout « à la maison » à part dans la chambre de ma grand-mère, elle qui me montrait plein d'astuces de couturière (elle avait été modiste). Je n'avais jamais ressenti ce vide auparavant. Je ne sais pas si c'était en fait l'appartement lui-même qui me faisait cette impression très forte ou bien le changement de pays et d'habitudes. Un peu tout peut-être… et peut-être les secrets de famille… ou encore les ressentis d'une hypersensible…

Comme les non-dits se faisaient de plus en plus pesants, même si nous-mêmes les enfants, n'y avions pas été très attentifs, bien que nous les ressentions, l'ambiance était de plus en plus tendue à la maison entre ma grand-mère et ma mère. Ma mère avait déjà eu une violente dispute verbale avec la grand-mère. Ma mère la trouvait trop envahissante à la maison. Je pense que ma pauvre grand-mère ne voulait pas vivre seule, elle avait déjà tout perdu en quittant la France, puis l'Algérie. Elle la considérait comme une enquiquineuse, mais la pauvre n'avait plus que nous ! C'était pourtant une femme très intelligente et très drôle. Elle nous faisait beaucoup rire nous enfants, en nous racontant plein d'histoires extraordinaires réinventées à chaque fois, des histoires où il y avait des princesses, des ogres, des animaux fabuleux, des lutins, enfin tout un monde féerique qui nous faisait rêver. C'était une artiste, peut-être un peu difficile à comprendre, un esprit libre quoi !

Les histoires de la grand-mère n'intéressaient pas trop mes parents à table (il est vrai qu'elle se répétait parfois dans ce qu'elle disait) et ce qu'elle disait n'était pas toujours entendu (peut-être en avait-elle trop parlé à une certaine époque). Ni des hommes de sa vie ni de sa vie, pourtant très riche : elle qui avait bien connu Polaire, sa cousine, la fameuse artiste de cabaret-théâtre, dansant et chantant de manière électrique et rendant les spectateurs presque fous de tant d'exubérance, et tout cela tout en finesse et en classe ! Cette Polaire qui avait eu tant de peine à se faire aimer et à faire accepter sa liberté de vivre et de penser, tellement elle était elle aussi un être libre et aimant dire ce qu'elle pensait. Quelle belle artiste quand même ! Dans sa biographie, elle se raconte de manière très ouverte avec tous ses chagrins et toutes ses joies, toutes ses désillusions aussi dans ce monde si masculin et si « bien-pensant ». Elle était une femme sincère, fidèle et honnête, sans aucun vice, mais bien trop en avance sur son temps. Et d'une finesse de pensée, d'ingéniosité et de force aussi, et sa vie qu'elle a brûlée par les deux bouts… des hommes comme James Dean ou même Jean-Paul Sartre ont marqué leur temps avec leurs excès et leurs visions de la vie si particulière et extrême. Une femme qui s'exprime de manière extrême, mais sans provocation de bas niveau, part aux oubliettes. À part si elle fait des exploits d'homme comme Jeanne d'Arc, cheffe d'armée, pourtant brûlée, ou encore Camille Claudel, artiste dans l'ombre de Rodin : elle qui, peu de personnes le savent, a passé la majorité de sa vie en asile psychiatrique, et qui a fait peut-être les plus belles sculptures au monde, avec leurs intensités de force et de structure, plus intéressantes encore que les œuvres de Rodin pour certains spécialistes d'art.

Où est la place de l'expression féminine finalement si celle-ci doit être validée par un monde totalement formaté et masculin ? Sans vouloir être marginale, c'est une réalité que les femmes vivent depuis la nuit des temps, leurs libertés étant si souvent bafouées, au nom de certains dogmes et a priori possibles. Il serait temps de sortir de cela, tel le serpent se mordant la queue, et de laisser enfin toute liberté à l'originalité si débordante de certaines femmes excessivement intelligentes. C'est tellement triste ce carcan du bon genre, alors qu'il y a tant de manières de s'exprimer et de se faire aimer pour ce que l'on est vraiment. Personne n'est idiot, chacun(e) a une originalité à exprimer et à chacun(e) sa manière bien propre. Il suffit d'y croire et dans un monde où les intolérances idiotes et aberrantes, sans fondement, disparaîtraient, ce serait même quelque chose de facile et de très accessible ! Un monde si coloré en restant sur certaines lignes de conduite, mais avec toute la tolérance et l'ouverture d'esprit nécessaire à l'expression de chacun(e). Actuellement, on manque de temps aussi, tout va trop vite, on est trop pressé à faire de l'argent… le pouvoir de l'argent qui coule bientôt toutes les nations du monde les unes après les autres… aucune logique dans tout cela. Non, mais où va-t-on ?

Mais revenons à la famille… bien sûr nous étions Français… de purs Français… Ah bon ? Avec un nom hongrois ? Tout à fait spécial ! Nous ne savions rien de ces origines hongroises, ou pas grand-chose, les Magyars étant surtout un peuple très spécial. Il fallait vraiment dire que le nom de famille – Bradacs – était français ! Il sonnait français ce nom d'ailleurs « comme les noms de la Bretagne, non ? », nous répétait notre papa… pourquoi n'a-t-il que très peu parlé de son père ? Peut-être était-ce un thème difficile à aborder… son père avait quitté son pays, la Hongrie, très jeune, en s'engageant dans la Légion étrangère, il y était resté attaché jusqu'à la fin de sa vie, amoureux de sa capitale : Budapest. C'est bien sûr d'après ce que l'on m'avait dit et le peu de choses que je savais de lui… Il était né aussi au bord du Danube, à Petrovaradin, ville en Serbie à présent.

De plus, on n'a jamais aimé parler de faussetés. Tout était parfait, et en fait, il est vrai que c'était le bonheur à la maison.

Pour parler du thème des erreurs malgré tout, ce qu'on ne conçoit pas toujours, c'est que l'on apprend énormément de celles-ci, plus parfois que de ses réussites. Si tout est toujours parfait et sans méandres ni écueils, la vie n'est qu'un chemin tout droit totalement inintéressant. On apprend que ce que l'on sait déjà et rien n'avance vraiment, c'est un repli sur soi. La manière aussi d'imposer ses idées aux autres est une forme grave de dictature. Là, tout le contraire de mon père, qui lui aussi était un esprit libre comme sa mère avec une immense ouverture d'esprit sur les autres et le monde ! Il nous faisait écouter des chansons comme « 'USA for Africa » de Steeve Wonder accompagné de tous ces artistes, qui avaient donné les gains des ventes de ces 45 tours aux enfants de certains pays d'Afrique qui mourraient de soif et de faim… ensuite, il y a eu Coluche et ses Restaurants du Cœur en France. Et puis bien sûr Daniel Balavoine et Michel Berger. Enfin toutes ces belles idées des années 1980, où les artistes et les chanteurs ont commencé à venir en aide aux oubliés de ce monde avec leurs si belles chansons, ouvrant les mentalités pour que nous soyons tous et toutes conscient(e)s à l'échelle mondiale des états de terreur et de guerre dans lesquels peuvent vivre d'autres peuples. De notre responsabilité de terrien(ne) tout simplement. D'une manière d'ailleurs différente que les journalistes à la télévision qui communiquent des informations terrifiantes, pour informer, mais avec des actions d'amour concrètes et d'espoir fort, la musique peut faire changer les choses. Certain(e)s journalistes ont bien essayé et essayent toujours d'en parler courageusement, mais la musique est justement une langue universelle que tous et toutes peuvent comprendre. Avec les protections de la notoriété vis-à-vis des régimes terroristes, il a été possible d'apporter une aide, mais pour Daniel Balavoine, qui a été très loin, ça n'a tout de même pas bien fini. On ne sait toujours pas jusqu'à aujourd'hui qui l'avait fait disparaître dans cette explosion d'hélicoptère… un attentat odieux contre le défenseur de la lutte contre la famine dans le désert…

Chapitre 1
Les relations familiales

On peut dire que ma mère et mon père faisaient partie de deux mondes s'opposant beaucoup finalement : elle avec son besoin de sécurité extrême pour que rien ne nous arrive, et lui allant à la découverte des autres, de l'évolution de son métier et du monde qui nous entoure au-delà de toutes frontières. Un esprit carré et très méthodique avec un esprit sans limites et pétillant. Deux contraires, le jour et la nuit, la neige et le soleil, un oxymore comme « une folle sagesse » ou encore « une obscure clarté ». Une douce folie d'extrêmes, ma mère n'aimant pas avoir tort, mon père se distrayant de ne pas avoir raison.

Alice aux pays des Merveilles, par exemple, la jeune fille avec son monde imaginaire et riche intérieurement, celui-ci la faisant avancer et prendre des risques dans la vie, est plutôt un conte qui me plaît. Ma mère, elle, a toujours plutôt aimé les contes décrivant la vie matérielle et assez réaliste, comme Peau d'Âne par exemple. Ce conte représente le défi qu'une jeune fille se lance pour s'affirmer et trouver son bonheur en s'écartant de l'autorité parentale.

Voici une petite anecdote qui en dit long sur les différences entre ma mère et moi.

Un soir, j'étais prête à aller me coucher, il était déjà très tard et ma mère était à côté de moi. J'avais huit ans et je dormais encore dans un de ces lits à barreau. Je lui dis soudain d'écouter attentivement, car j'entendais le doux son des cloches d'une église sonner… Elle me dit toute stupéfaite et sur un ton assez autoritaire qu'il n'y avait rien du tout et qu'il ne fallait surtout pas en parler à la maîtresse d'école le lendemain matin. Je ne compris pas pourquoi elle eut une telle réaction, car moi j'avais bien entendu quelque chose et ce n'était ni le fruit de mon imagination, ni de la fatigue, ni même une fantaisie d'enfant, mais peut-être mon don de médium potentiellement présent. Ce que cela signifiait, je n'en avais aucune idée… J'avais juste entendu quelque chose que ma mère n'avait pas perçu.

Nous partagions tous les trois, mon frère, ma sœur et moi, la même chambre dans cet appartement. J'avais, par la suite, la partie d'un haut de lit superposé et ma sœur le bas. Ça ne lui plaisait pas beaucoup, car elle se cognait la tête assez souvent sur le sommier du dessus. Alors elle me reprochait toujours d'avoir la meilleure place. Il devait être minuit passé cette nuit-là et nous étions tous couchés et endormis pendant que nos parents regardaient encore la télévision. C'était peut-être quelques mois après l'épisode des cloches. Le calme était complet, quand soudain, je me dressais sur mon lit et je criais « au feu » de toutes mes forces… je descendis à toute vitesse l'échelle du lit superposé en continuant à alerter tout le monde. Ma sœur eut une trouille terrible. Je courus ensuite dans le salon où étaient mes parents et une fois arrivée devant eux, je me réveillais, comme sortie de mon cauchemar… j'avais ressenti un grand danger au sein de la famille…

Un autre épisode un peu original aussi eut lieu alors que je devais avoir douze ans. Mon père était tombé malade déjà. Nous avions à nouveau déménagé et nous habitions cette fois à Marly, en Suisse romande. Pendant une nuit, je me levai et je déambulai dans l'appartement, les yeux grands ouverts, puis je passai dans la salle de bain pour me préparer et finalement je tournai la clé de la serrure pour sortir. Ma mère m'entendit et elle me demanda ce que je faisais. Je ne lui répondis pas et je retournai me coucher. Plus tard, elle me raconta ce qui s'était passé et dont je n'avais évidemment pas été consciente.

J'étais donc une enfant somnambule par moments. Peut-être que quelque chose ne me convenait pas dans ma vie avec ma famille… Je sais que j'étais une véritable éponge vis-à-vis des autres.

Cette année-là, ce fut terrible, car ma grand-mère mourut d'un cancer du sein et nous, les enfants, ne purent pas aller à l'enterrement de peur selon mes parents d'être choqués par la cérémonie d'enterrement… Erreur à mon avis, car rien de mieux qu'une cérémonie pour accepter que l'être qu'on aime est parti dans un monde meilleur.

Et une dispute étrange avait éclaté entre notre père, notre mère et la grand-mère avant la mort de celle-ci, alors que nous lui rendions visite dans la pension de retraite où elle se morfondait, dispute dont nous ignorions, nous les enfants, la véritable cause. Je crois qu'elle disait qu'elle avait des dons de médium et que ma mère et mon père lui disait qu'elle disjonctait. Mais à ce jour-là, cette dispute avait eu pour origine un problème de maquillage d'après mes souvenirs, car ma grand-mère avait épilé tous ses sourcils et mis du crayon noir de manière un peu maladroite. La pauvre… elle voulait juste être belle pour nous, et mon père ou ma mère l'avaient critiquée un peu méchamment en lui disant qu'elle s'était maquillée n'importe comment. Elle devenait triste et elle se sentait seule au monde, c'est tout. À ce moment-là, je vis comme elle encaissa cette maladresse de la part de mes parents avec beaucoup de classe, retournant dans sa chambre se remaquiller selon leur bon vouloir, sans se vexer.

Je trouve quand même personnellement que c'est dur d'envoyer une femme âgée avec toute sa tête en pension de vieillesse. On ne peut pas se séparer des vieux comme cela, c'est assez triste pour toute la famille. Je ne comprends pas pourquoi on ne lui a pas trouvé un petit appartement à côté de notre maison. Elle était tout à fait autonome et capable de s'occuper d'elle-même. Moi, si l'on me l'avait demandé, j'aurais aimé qu'elle reste vivre avec nous ou près de nous, je discutais si souvent avec elle, elle qui m'apprenait tant de choses !…

Jusqu'à aujourd'hui, je ne sais même pas où elle est enterrée, et je n'ai encore jamais pu me recueillir sur sa tombe. Une année plus tard, notre père fut emporté par un cancer lui aussi. Nous savions qu'il était déjà un peu malade, mais nous n'aurions jamais imaginé qu'il allait mourir. Notre mère nous avait tenus à l'écart des avertissements des médecins pour ne pas nous inquiéter. Ce fut comme une électrocution d'apprendre qu'il était mort si soudainement d'une maladie auto-immune mi-cancéreuse, mi-infectieuse, et en si peu de temps suite à une hospitalisation très peu rassurante.

Il est vrai aussi qu'il existe maintenant des hôpitaux qui utilisent beaucoup les huiles essentielles pour assainir les lieux, pouvant éviter que des germes microbiens fassent leurs apparitions. À l'époque, dans les années 1980, ce n'était pas le cas, les huiles essentielles n'étaient pas utilisées en hôpitaux.

À treize ans, sans même pouvoir connaître l'histoire réelle du grand-père aussi, une grande partie de ma vie venait de s'évanouir avec la disparition de mon père et de ma grand-mère. Mais, par la suite, des pistes et des événements presque magiques me permettraient de recoller le puzzle familial.

Chapitre 2
Les crises de jalousie

Petites, ma sœur et moi, nous nous entendions très bien et nous faisions toutes les bêtises du monde ensemble. C'était très drôle, nous avions même mangé des trèfles durant toute une journée dans les champs.

Il y avait une copine voisine plus grande que nous et assez bête. Elle nous faisait de méchantes farces et comme nous n'étions pas dupes, nous allions exprès dans l'exagération et faisant ce qu'elle nous disait et ensuite en disant qu'elle nous avait dit de le faire ! C'était à mourir de rire, car c'est elle qui se faisait taper sur les doigts et nous, nous étions toujours les gentilles victimes totalement innocentes ! Nous jugions toutes les deux à chaque fois si cela valait la peine de prendre l'un ou l'autre risque, et tentions ce qui pour nous était un challenge…

Ma sœur commençait à devenir si espiègle, même plus que moi, et je l'encourageais dans cette voie. Mais comme elle avait l'impression que ma mère m'aimait plus, elle devenait parfois jalouse. Notre frère avait lui ses activités, sans nous. Il y avait vraiment une coupure entre mon frère et nous, c'est-à-dire ma sœur et moi.

Mon frère avait eu des crises d'épilepsie étant petit vers l'âge de cinq ans et les médecins l'avaient catalogué comme épileptique et très malade… ma mère les croyait, mais elle ne comprenait pas peut-être qu'il était empêché de s'exprimer et de s'affirmer à cause de sa si grande sensibilité. Pourtant il discutait avec mon père pendant des heures parfois, car ils s'aimaient beaucoup. Mais le poison était instillé depuis longtemps : mon frère n'était pas normal ! Le pauvre, comme il a pu souffrir ! Il était, c'est vrai, très nerveux et parfois agressif. Mais il faut aussi se mettre à sa place, catalogué comme malade depuis sa naissance pratiquement. Juste tellement sensible et si incompris, c'est bien normal qu'il ait été sur le qui-vive constamment.

Chapitre 3
La vie dans la maison sur la colline

Après avoir changé déjà d'appartement après la mort de mon père, deux ans plus tard, nous partîmes vivre dans une grande maison sur une colline. Je devais avoir quinze ans quand il se passa un phénomène étrange. Je m'endormais tranquillement dans mon lit, sans penser à rien, tout était calme et personne n'était à la maison, ce qui d'ailleurs était quand même assez rare. Soudain, un immense coup de pied percuta la porte de ma chambre. Mon cœur se mit à palpiter terriblement, à exploser de frayeur.

Je restais tremblante dans mon lit pendant un moment qui me parut durer des heures. Je décidais enfin de me lever en rassemblant tout mon courage et, en tremblant, j'allais ouvrir la porte de ma chambre ; je fis ensuite un tour dans la maison. Mais rien. Personne. Je vérifiais les portes d'entrée, mais tout était fermé à clé, normalement personne n'avait pu rentrer. Qui avait donc bien pu envoyer un tel coup de pied dans la porte de ma chambre et pourquoi ? Cela ne me rassura pas du tout de me poser toutes ces questions et je retournais tout de même me coucher en mettant beaucoup de temps à m'endormir cette nuit-là.

Le lendemain, je demandais à tous si quelqu'un avait frappé à la porte de ma chambre pendant la nuit – peut-être ma sœur ou mon frère étaient-ils fâchés contre moi... à ce point-là, ça me paraissait terriblement exagéré, mais enfin, sait-on jamais... – Mais non. Ce n'était ni mon frère ni ma sœur. Ma mère me dit que j'avais dû rêver, que cela avait dû être un cauchemar ou quelque chose comme ça. Je me défendis en lui disant que je n'avais pas du tout rêvé. Avec ma sœur, nous regardâmes la porte et effectivement, il y avait une partie enfoncée… j'avais bien entendu ce coup de pied terrible et il y avait bien eu « quelqu'un » derrière la porte, « quelqu'un » de pas très gentil… Nous n'osâmes pas penser à un esprit, car nous le savions bien : ce n'était pas censé exister !

Je décidais d'oublier cette histoire que je ne comprenais pas, mais ceci devait être en quelque sorte le début d'une initiation au monde de l'invisible et de l'immatériel.

Un jour, je descendais un chemin à vélo en sortant de l'école. J'étais avec une bonne copine et on roulait l'une à côté de l'autre, côte à côte sur un petit chemin. J'étais en train de lui parler de mon père et je la regardais durant quelques secondes en roulant, dans une descente. Un vélomoteur, qui n'avait pas le droit de circuler dans l'autre sens, me percuta et je fis un immense vol plané au-dessus du vélomoteur en tombant quatre ou cinq mètres plus loin. J'étais complètement sonnée et quand je repris mes esprits, plein d'enfants étaient autour de moi, tous très inquiets. Je constatai à ce moment-là que beaucoup de monde m'aimait bien contrairement à ce que je croyais ou à ce qu'on me faisait croire. Cet accident coïncida avec un début de problèmes de myopie et je ne vis plus très bien au tableau à l'école.

Il n'y eut pas d'autres incidents les temps d'après, à part ma sœur qui commença à s'intéresser à des choses un peu obscures et occultes avec une copine appelant les esprits des morts. Je trouvais cela très bizarre, et je critiquais ma sœur. Ma mère aussi n'aimait pas qu'elle fréquente cette fille déséquilibrée. Moi je ne l'aimais pas beaucoup non plus et je ne comprenais pas ce que ma sœur lui trouvait d'intéressant. Mais impossible de lui faire une remarque ou de la dissuader à cette époque-là. Cette fille lui dit, d'après les cartes qu'elle avait tirées un jour, qu'il y aurait encore un grand drame familial prochainement, ce qui s'avéra être vrai…

Chapitre 4
La vie estudiantine avec ses joies et ses drames

Je continuais mes études comme c'était prévu après le Cycle d'Orientation, et je rentrai au Collège, en vue d'y préparer un baccalauréat type sciences. J'avais aussi commencé à jouer de la clarinette dans la fanfare du Collège, et c'était vraiment sympa. Mais j'avais de grands blocages, car il y avait toujours trop de non-dits à la maison et je me sentais continuellement coupable de cacher quelque chose, de cacher mes ressentis et d'être trop secrète. Certaines personnes pouvaient comprendre un peu le malaise familial, ce qui me mettait encore plus mal à l'aise. J'avais l'impression qu'on pouvait parfois lire en moi comme dans un livre ouvert, et cela me dérangeait beaucoup. Ou bien j'étais trop différente et cela dérangeait en quelque sorte, c'était en tout cas difficile à vivre. J'avais pourtant de très bonnes amies qui m'appréciaient beaucoup et avec qui je passais mon temps libre.

Cette période assez tranquille ne devait pas durer, car comme dit précédemment, un drame terrible nous frappa. Ma tante et mon oncle eurent de gros problèmes. Mon oncle buvait de l'alcool, il avait perdu son emploi comme chef de chantier et ma tante était dépassée par les attitudes de son mari qui la frappait. Elle partait de la maison et lui s'enfonçait toujours plus dans l'alcool. Et le pire arriva… Un jour, elle entra dans l'appartement pour lui apporter du linge propre, il attendit qu'elle lui tournât le dos pour lui tirer une rafale de balles dans la tête avec un fusil de chasse… et lui se suicida tout de suite après… un vrai scénario de film noir d'horreur… ce que je me dis par la suite, c'est que cela dut être immensément difficile à vivre pour mes deux cousins… je ne comprends pas vraiment encore comment ce drame a pu arriver.

Encore une fois, mon frère, ma sœur et moi ne fûmes pas invités aux enterrements, ma mère jugeant cela trop difficile à supporter. Je ne comprends pas sa logique, car je pense que ç'aurait été quelque part un soutien pour mes cousins que nous soyons venus. Nous essayâmes de continuer nos vies normalement, ce qui fut une erreur à mon avis, car lors de drames, il faut en parler ensemble. On peut très bien enterrer les gens, mais pas les sentiments ni les ressentis.

Puis, l'ami de ma mère entra dans nos vies, ma mère accepta qu'il vive avec nous et il devint en quelque sorte notre beau-père. Un été, nous hésitions où aller pour les vacances et il nous conseilla de partir en Italie sur l'île d'Elbe. Cet été-là, je rencontrai un jeune homme dont je tombais follement amoureuse.

C'est ma sœur qui nous entremit en allant demander une cigarette à un groupe de jeunes hommes dont il faisait partie. Ce fut la plus longue relation sentimentale que j'eus jusqu'au jour où je rencontrais mon compagnon, bien des années plus tard.

Ce jeune homme venait donc d'Allemagne et il passait les vacances avec ses copains. Il allait commencer des études de physique à l'Université de Stuttgart. Notre relation commença avec des visites de sa part en Suisse. Puis moi j'allais aussi le retrouver en Allemagne, avec de très longs trajets en train que j'appréciais d'ailleurs, car j'en profitais pour lire. Avec lui, je trouvais une liberté que je ne connaissais pas, ce qui me séduisit énormément. Nous sortions beaucoup, il avait plein d'amis et on s'amusait vraiment beaucoup.

Il était venu en Suisse pendant un week-end et nous étions en voiture. Il faisait presque nuit, et je vis un ancien ami que j'avais connu, en rollers, au bord de la route qui faisait du stop. Je me souviens que ce garçon me parlait toujours de niveaux de la conscience, il disait qu'il y avait divers degrés de compréhension de la vie, ce qui est bien sûr vrai, mais ça devenait un vrai casse-tête, et la manière dont il en parlait l'obnubilait et l'obsédait. Sur le moment, j'ai hésité à dire à mon petit ami de s'arrêter ce jour-là pour le prendre avec nous, mais j'ai pensé qu'il le dérangerait et je n'ai pas osé lui dire de s'arrêter.

J'avais donc l'intention d'aller rejoindre l'homme que je croyais être l'homme de ma vie après mon baccalauréat. Quand je fus en dernière année de bac, je ratais les examens à cause d'une seule note en dessous de la moyenne. J'étais très déçue, j'allais voir Joseph Deiss (le proviseur principal, responsable des examens à cette époque) qui me dit simplement de refaire l'année, ce que je fis. Les examens approchaient et j'étais un peu nerveuse. Un soir, je rentrais à la maison et mon frère jouait sur ses synthétiseurs avec un volume assez fort, trop fort pour que je puisse me concentrer sur mes examens à préparer. Je lui dis un peu sèchement, mais sans aucune agressivité, de baisser le son, car je devais travailler. Puis j'allais tranquillement dans ma chambre, pensant qu'il comprendrait. À peine assise sur mon lit, la tête appuyée au mur avec un livre dans les mains, il déboula comme un éclair et me donna un énorme coup de poing très sec dans la mâchoire… je ne l'avais pratiquement pas vu arriver et ouvrir la porte de ma chambre…

Ma mâchoire était fracturée et ma lèvre inférieure coupée verticalement. Ma mère arriva, me fit aller dans la salle de bains devant la glace pour voir les dégâts, puis elle m'emmena aux urgences. Là, on recousit ma lèvre, sans que cela me fasse vraiment mal. Ce moment-là fut comme un déjà-vu et je m'en rappelle très bien, comme si je devais vivre ce moment de toute façon, qu'il était inscrit dans mon destin sans pouvoir y échapper. Un sentiment bizarrement rassurant, malgré les douleurs et le choc.

Bien des années plus tard, nous pûmes en reparler avec mon frère et il me dit que ce jour-là, il m'avait entendu le traiter de tous les noms, ce qui avait été bien sûr totalement faux... Je n'insulte jamais personne et j'ai toujours été d'une nature très calme. Bizarre tout de même que mon frère ait entendu autre chose... Jusqu'à ce jour, je n'ai pas de réelles explications et il a beaucoup regretté son geste violent, mais il n'a probablement pas compris ce qui s'est passé, ni moi-même à l'époque.

Après mon bac, que je passais dans des conditions un peu étranges, en parlant aux examens oraux comme je pouvais avec la mâchoire de travers, je me rendis à l'hôpital pour l'opération, puis je restais à la maison encore le temps qu'il fallait pour ressouder cette mâchoire et je partis en Allemagne rejoindre mon ami.

Je trouvais du travail dans une agence de publicité, mais je ne vivais pas avec lui. Je trouvais ça illogique qu'il ne veuille pas qu'on vive ensemble, mais je l'acceptais tout de même à contrecœur. Cette année de liberté me fit le plus grand bien, car j'étais loin de ma famille. Malheureusement, après une année, je vis que l'homme que j'aimais se distançait de plus en plus de moi et qu'il sortait même seul. J'essayais de continuer mes études en Allemagne, mais ça ne marchait pas comme je le souhaitais. J'aurais pu rester dans l'entreprise où j'étais, mais je voulais aller à la conquête d'autre chose. Ma mère et une de ses amies m'avaient d'ailleurs proposé de m'inscrire dans une école des Beaux-Arts en Suisse romande et peu de temps après, comme je réussissais l'examen d'entrée pour commencer de brillantes études, je devais quitter mon ami allemand qui pleura ce jour-là, car il pressentait la fin de notre relation.

Un soir, j'appelais mon ami depuis la Suisse pour prendre de ses nouvelles. Sa voix était étrangement distante, comme à des millions de kilomètres. Après quelques secondes de conversation, j'avais compris : il venait de sortir des bras d'une autre femme, et elle était là avec lui… j'arrêtais de parler et je raccrochais, montrant que j'avais compris, mais feignant l'indifférence par fierté. Après seulement trois mois de séparation, il m'avait trompée. Ce n'était pas le véritable amour… Tout s'écroula autour de moi tellement j'y avais cru. C'était la rupture dans tous les sens du terme. Dès ce moment, tout se bloqua en moi, je ne comprenais plus rien. Les jours et les nuits se ressemblaient. Tout se confondait dans un grand amalgame noir et incolore. Aucune larme ne coula sur mon visage à cette période de ma vie, mais bien des années après je me permis de pleurer. Je n'affichais aucun sentiment de tristesse à part peut-être une déception immense et un désarroi complet. Je décidais dès ce moment-là de me consacrer entièrement et exclusivement à mes études d'art : je le sortis de mon cœur, de ma tête et de mon âme du mieux que je pus. Mais quelque part, cette cuirasse en papier mâché dont je m'étais enveloppée n'était qu'une très faible protection et pouvait craquer à la moindre perturbation. Je fis donc la statue de pierre, l'intouchable, la superwoman glaciale que rien ne perturbe, celle qu'il avait lui d'ailleurs toujours imaginée idéalement et je refusais ma peine… je rentrais sans me rendre compte dans un moule, le moule où il avait voulu me mettre depuis le début malgré toutes ces apparences de liberté. Grave erreur de ma part devais-je me dire par la suite, mais quand on ne se rend pas compte qu'on est manipulée, on croit réagir à sa propre manière et de son propre chef, puis au bout du compte, on est perdu(e).

Je n'en parlais à personne et je décidais de tout effacer avec un coup de chiffon invisible sur le tableau noir de ma vie pour qu'elle reprenne son cours comme avant. Le problème, c'est que ce fameux cours de vie avait pris forme avec lui et que je n'avais plus rien d'autre de stable à cette époque, ni ma famille, ni le fait de mon jeune âge, ni ami(e)s sur qui vraiment compter, ni mes études qui commencèrent à s'étioler. Personne ne remarqua mon immense malaise tellement bien dissimulé à part ma mère, mais ces souffrances accumulées et ses différences spécifiques faisant partie de ma personnalité (ou de mon karma) allaient bientôt apparaître à la surface et je n'allais pas vraiment être aidée à les gérer…

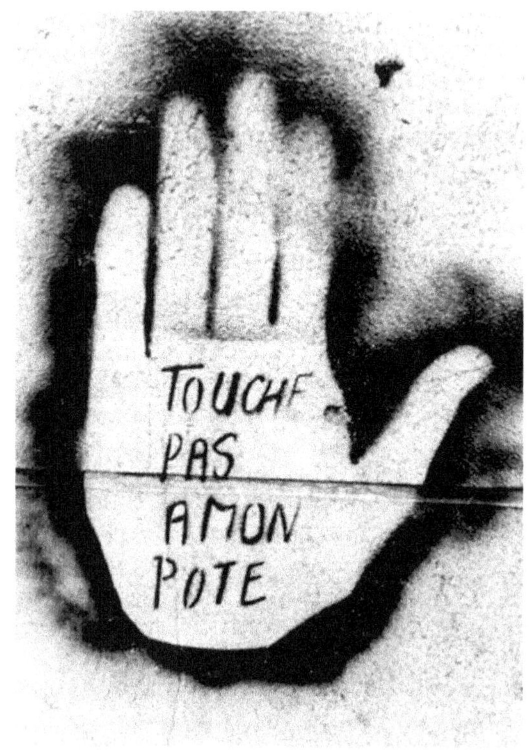

Phrase des années 1990
– Photo faite à Paris en 1988 –

Chapitre 5
La descente aux enfers

Mes études que je menais auparavant avec brio prirent donc la pente descendante, mes amis ne comprenant pas réellement ce qui se passait. Je n'arrivais plus à dormir et des états d'angoisses et de chaos commencèrent à m'envahir. Je dérapais de plus en plus et je n'arrivais plus à maîtriser ma vie. Je correspondais complètement à une femme idéale dans les apparences, mais je n'étais plus moi-même, je m'étais perdue et je m'autodétruisais. À ce moment-là, je n'eus pas l'idée d'aller me confier à quelqu'un d'autre que ma mère, et je ne supportais pas de demander de l'aide ailleurs, car j'étais dans le moule de la femme inflexible. Ma fierté un peu stupide et mon incapacité à ce moment-là d'exprimer mes émotions à qui comprendrait vraiment ne m'ont ensuite qu'apporté une série d'incompréhensions. J'étais dans mon studio pas loin de l'École d'Art et des phénomènes se produisirent pour en rajouter un peu au chaos. L'eau commença à bouillir toute seule dans mon studio et j'eus très peur. Je perdis le contrôle… je ne comprenais plus rien… plus rien ne pouvait me rassurer.

Le déclenchement complet de ma perte de contrôle sur ma vie fut le suivant : un jour, j'allais à l'École des Beaux-Arts. Dans la matinée, j'entendis parler de quelqu'un de la ville où j'avais grandi, quelqu'un que j'avais connu : le jeune homme en rollers que mon ami et moi n'avions pas pris en stop : il venait de se suicider. Je fus très choquée… J'essayais d'oublier cette histoire rapidement : à nouveau, je bloquais en moi toutes sortes d'émotions sans pouvoir les exprimer.

Très peu de temps après, j'avais dégoté un petit job dans une cafétéria d'un hôpital et ça ne se passait pas très bien. Les personnes qui travaillaient avec moi étaient hautaines, dures et sans aucune gentillesse. La première journée de travail ne m'avait absolument pas motivée et j'avais fui sur les toits de l'hôpital pour regarder les hélicoptères décoller. J'avais eu par contre une très grande envie de visiter cet hôpital.

Alors que je rentrais de ce travail, le soir, à la gare de la ville, proche du village où habitaient ma mère et son ami, j'entendis depuis le 7e ou 8e étage d'un grand immeuble, en face de la gare des taxis, une voix très nette qui proférait de terribles menaces vis-à-vis de moi et qui me hurlait : « Tu vois, t'es bien dans la merde là maintenant, c'est bien fait pour toi ! » Ce fut d'une violence inouïe. Je reconnus la voix de ce jeune homme qui venait de se suicider… le jeune homme que mon ami et moi n'avions pas pris en stop… Le ton avait été très méchant ! Là, j'eus très peur… il « m'agressait » en quelque sorte d'outre-tombe… j'en eus très froid dans le dos. Plus tard, je compris au fur et à mesure des événements qu'une mauvaise entité avait imité la voix du jeune homme qui s'était suicidé.

Je rentrais ensuite comme abasourdie chez ma mère dans ce village, rejoindre la maison sur la colline, en montant à pied avec mon vélo. Ce soir-là, il y avait réellement de mauvaises énergies contre moi, car trois voitures l'une après l'autre, sans aucun lien apparent entre elles et sorties de je ne sais où, foncèrent sur moi dans la montée vers la maison. Je dus me jeter à trois reprises dans un petit fossé pour éviter d'être percutée par ses voitures folles… c'était lié à cette voix, pour moi, cela ne faisait pas l'ombre d'un doute. Le vélo était fichu.

J'en parlais à ma mère et mon beau-père, mais ils ne me crurent pas, pensant que j'avais tout inventé ! Il fut décidé que je quitte ma chambre de jeune femme et ma sœur me proposa de venir quelque temps habiter chez elle. Elle s'occupait d'un ranch avec des chevaux, aidée de son fiancé et d'une amie. Il y eut un gros problème dont je ne soupçonnais rien, et son fiancé me mit sous pression afin que je parte avec lui à cheval discuter à propos d'elle, malgré que je lui avais dit qu'il était possible de discuter directement et tranquillement près d'un paddock. Des choses me furent cachées, et il ne me parla pas de ce qui le perturbait autant, mais posa simplement énormément de questions à propos de ma sœur.

Nous voyant revenir ensemble à cheval, elle eut une immense crise de nerfs sans que j'en comprenne véritablement tout de suite la raison.

Quelques jours plus tard, ma sœur et son amie partirent du ranch toute une journée ainsi que toutes les autres personnes actives sur celui-ci. Je m'y retrouvais seule, ne comprenant pas où était parti tout le monde. Cela se répéta le lendemain. Puis, il fut décidé que je vois un psychiatre, ma sœur et son ami à l'époque ayant décidé cela.

À ma grande surprise, il fut question que je me repose deux semaines dans un hôpital psychiatrique. Je ne voyais pas quelles réponses cela m'apporterait, mais je n'avais aucun choix, juste celui d'accepter. Je passais d'abord dans un hôpital de la région du Léman, et je vois encore tous ces médecins en blouse blanche autour de moi avec ma mère le doigt pointé vers moi m'accusant de faits totalement incompréhensibles… je ne compris rien du tout à ce qui m'arrivait. Ils allaient m'interner pour longtemps ou avais-je mal compris ? Pour quelle raison d'ailleurs ? Qu'avais-je fait de si grave ?

Sans que je ne puisse même exprimer quoi que ce soit à ce moment-là, j'eus tout juste le droit de faire une demande, celle de téléphoner à mon ex-ami allemand cinq minutes.

J'avais gardé le contact quand même, car je n'arrivais pas à me défaire de lui – j'étais un peu comme sous son emprise – et celui-ci me rigola au nez sans croire un seul mot de ce que j'essayais d'expliquer.

Je fus transférée par ambulance dans un hôpital de la région où habitaient ma mère et mon beau-père, car je n'étais pas inscrite du point de vue des assurances maladie dans la région où je vivais et où se trouvait l'École d'Art.

L'entrevue avec le médecin se passa de telle façon qu'on ne me donna que très peu la parole et que lorsque je parlais, on me faisait dire les choses le plus surprenantes sans que j'aie la moindre chance de défendre ma version. Ma sœur commença et parla beaucoup, puis mon beau-père et ma mère. Je n'arrivais même pas à les écouter vraiment, car je ne comprenais pas ce qu'il se passait. Après mes paroles, j'entendis le médecin répondre par une série de médicaments qui allaient m'être administrés… ce n'étaient pas les réponses que j'attendais… Après avoir tout raconté, je pensais repartir avec ma sœur et ma mère. Le même médecin me parla pourtant seule à seule ensuite, les membres de la famille étant partis prendre un verre pour cinq minutes soi-disant et je ne comprenais pas ce qu'il voulait, en fait rien. Tout avait été dit. Il faisait en fait tout pour me retenir pendant que ma famille sortait de l'hôpital. Libérée finalement par le médecin, je sortis dans le corridor pour voir où ils étaient… personne… partis…

La lourde porte bleue de l'hôpital claque encore dans ma tête quand elle se referma juste devant moi alors que je voulais les rejoindre… ils m'avaient abandonnée là comme un misérable chien qu'on abandonne sur une autoroute, car ils ne me comprenaient plus.

On avait préféré m'oublier, moi et mes questionnements.

C'est en tout cas ce que ma mère, l'ami de ma mère et ma sœur souhaitaient. Ma sœur s'en trouvait presque arrangée de cette situation. Elle était la plus forte et elle m'avait vaincue ! Mais quelle victoire ? Et pour maîtriser quoi ? Derrière les lourdes portes closes de l'hôpital, à travers une sorte de porte-fenêtre meurtrière, je la vis partir en marchant victorieuse et fière, conquérante… C'est ce qui me fit le plus de soucis, c'est que je ne comprenais vraiment pas ce qu'elle y gagnait…

Avec les médecins, j'avais eu l'impression de faire une déposition, comme à la police, plus qu'un véritable entretien. Pour eux, ça n'avait eu aucun sens ce que j'avais dit. Ils me cataloguaient comme malade mentale. Normal… comment pouvaient-ils comprendre si ma propre famille ne s'en donnait même pas vraiment la peine et n'y arrivait pas… médiumnité et folie peuvent être confondues, et la première fortement critiquée par le catholicisme.

J'étais rentrée dans un système mafieux ignoré de la plupart de gens, et je n'allais en sortir que très difficilement. L'issue de tout cela fut donc un rapport médical et froid, à l'image de ces psychiatres qui ne comprennent parfois pas aussi les choses toutes simples comme un chagrin d'amour…

Dans mon cas, c'était un peu plus compliqué que ça, avec mes antécédents de médiumnité, mais pour eux, j'étais psychotique. Je sais à présent que j'en avais beaucoup trop dit, et ce scénario allait se répéter un nombre incalculable de fois… Le problème, c'est qu'au départ surtout, tout était vrai, c'était le vécu et je n'ai jamais rien inventé, mais j'avais un peu peur alors je me confiais en espérant des réponses. Par la suite, plus tard, entraînée dans le tourbillon de ce système psychiatrique et de cet hôpital, je perdis réellement le sens de certaines réalités par moments, donc plus rien ne tenait vraiment debout, personne n'y comprenait plus rien.

Les deux semaines prévues au départ se transformèrent en une année entière. Je pensais même à l'époque que j'étais anormale. On me l'avait bien souvent fait comprendre quand j'entendais ou que je voyais ce que peu de personnes percevaient. Mais jusqu'à présent, j'avais bien vécu avec tout cela.

En fait, je n'avais pas eu la chance à l'époque de rencontrer une âme bienveillante en dehors de ma famille, une amie, qui me voyant ainsi et me questionnant un peu, et me croyant surtout, pose sa main sur mon épaule et me dise : « Allez, pleure, oublie tout ça, et repars en avant ! » Quelqu'un, qui aurait pu me rassurer et m'expliquer les événements un peu étranges arrivés les derniers temps, sans me mettre dans la plus grande des paniques, aurait été salvateur. Ces personnes-là, je ne les rencontrais que beaucoup plus tard.

Ma famille, « soutenue » par l'ami P. de ma mère, n'avait pas vraiment eu un rôle protecteur, bien au contraire…

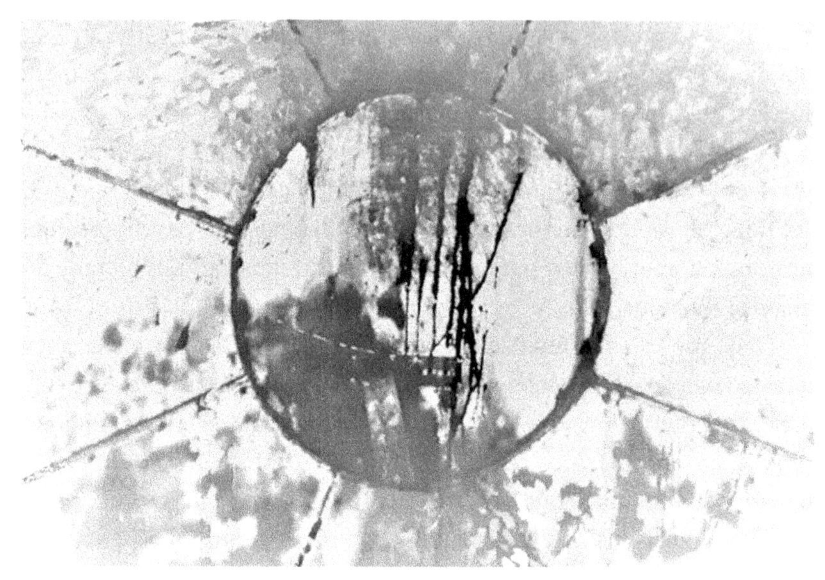

Le Soleil noir de la Mélancolie
– Photo faite à Lausanne, 1993 –

Chapitre 6
La vie à l'hôpital

Partie I

Dans cet hôpital froid et inhospitalier, on m'avait d'abord questionné sur les actes soi-disant illogiques que j'avais pu avoir, comme errer seule la nuit dans le jardin de ma mère, à pleurer ma peine, ou encore à parler seule en allemand. J'essayais d'étouffer mon chagrin que je ne voulais, pouvais et devais montrer à personne.

Mais je commençais à comprendre ce qui m'arrivait : le pire des scénarios… on m'avait enfermée dans un hôpital psychiatrique, le pire de mes cauchemars. Il devait y avoir une erreur ! Je fus prise d'immenses et d'inexprimables angoisses à la vue de perdre ma liberté à vie… Bien sûr, je fus perdue dans l'enceinte de l'hôpital ; je ne comprenais pas du tout ce que je faisais dans cet endroit sordide et je trouvais par hasard une ancienne copine du Collège qui y travaillait. J'essayai de lui expliquer le malentendu, mais au lieu de m'aider, elle n'eut pas du tout l'envie de m'écouter ni de me comprendre un peu. Je commençai un peu à m'énerver. Erreur… il ne faut surtout pas s'énerver dans un hôpital psychiatrique de ce genre…

Elle me fit des menaces et puis elle partit sans rien dire et, derrière mon dos, appela plusieurs infirmiers qui m'attrapèrent dans le couloir et m'obligèrent à les suivre. Comme je ne savais pas ce qu'ils allaient faire de moi, j'eus la pire des paniques et je commençais à me débattre violemment. Ils m'allongèrent de force sur un lit. J'étais saisie de peur. Puis avec beaucoup de brusqueries, une drogue me fut injectée pour m'empêcher de bouger (ou de parler) … Cette infirmière-copine avait bien réussi à se venger de moi, car elle avait toujours été amoureuse d'un garçon au Collège, avec qui j'avais vécu une petite histoire. Je lui avais « pris quelque chose » à l'époque, alors elle avait pensé à me le faire payer de cette manière. Le pire, c'est qu'elle-même m'avait même entremise avec lui… c'était vraiment elle qui ne tournait pas rond !

Je passais trois jours sans manger, sans boire et sans bouger tellement l'injection avait été forte et conséquente… Ma mère était passée le deuxième jour pour me voir et je l'entendais pleurer à côté du lit. C'est ce qui me réveilla un moment de mon très lourd sommeil. Je fis mon possible pour me redresser sur le lit afin de lui dire deux mots et la rassurer un peu puis je sombrais à nouveau dans ce sommeil comateux. Je n'ai jamais su ce qui avait pu m'être injecté ce jour-là, et ce, jusqu'à aujourd'hui…

J'étais enfermée comme un animal, je ne pouvais plus sortir de là-bas. Des angoisses encore pires que les précédentes m'envahissaient. Je passais donc un début d'hospitalisation d'une durée de trois semaines dans ce centre fermé, qui devait devenir ensuite un endroit que j'allais connaître dans ses moindres recoins…

Partie II

Ensuite, je fus transférée dans un autre secteur de l'hôpital, en quelque sorte le centre de « redressement » de jeunes adultes qui transgressent les règles sociales et morales…

Je voyais que l'endroit était un peu plus agréable, que les portes n'étaient pas fermées, que l'accueil était chaleureux avec des fruits sur une grande table en bois de cuisine. Donc a priori, les choses s'arrangeaient bien que je ne pusse pas encore quitter l'hôpital.

Je croyais que le pire était passé… erreur… le plus terrible ne faisait que commencer pour moi avec cette spirale infernale d'une certaine pratique de la psychiatrie dans laquelle j'allais me noyer et qui considère qu'il y a les sains d'esprit bien-pensants, et tous les autres, c'est-à-dire les fous. Moi j'avais été mise dans la deuxième catégorie et j'allais ne plus en sortir pendant presque trente longues années. Il était totalement inutile d'essayer de se défendre et de chercher à être vraiment écoutée.

Un certain docteur B. allait prendre en charge mon dossier. Dans ce centre, il me vit rire avec d'autres jeunes hospitalisés. Il croisa mon regard depuis son bureau, avachi sur son siège en faux cuir, et il me cria littéralement au visage en me montrant du doigt telle une accusation : « Vous, vous avez les yeux qui brillent, je vais m'occuper de vous ! »

Son ton me glaça le sang. Pourquoi m'avait-il dit cela, qu'avais-je fait de si mal à part être de bonne humeur ?...

Effectivement, les semaines qui suivirent je fus sa patiente-cobaye préférée : Fluanxol, Haldol, Dépaquine, Melleril, Seropram… un tourbillon de neuroleptiques, de benzodiazépines, des stabilisateurs de l'humeur et j'en passe… Toutes les trois semaines, il changeait de traitements, prétextant que cela s'améliorait pour moi, car mon cas était très grave. Il prétendait que le médicament avait trop d'effets ou trop peu d'effets sur moi pour en essayer tant qu'il voulait sur moi (je n'étais pas son seul patient cobaye). Je dois dire que je ne ressentais plus grand-chose de positif, plus que d'immenses angoisses au-delà de ce qu'on peut imaginer, bien pires que celles que j'avais eues dans le centre fermé, ou même celles que j'avais eues au début chez moi dans le studio et elles m'envahirent chaque seconde dans un bain de souffrances permanentes. Je ne maîtrisais plus ma vie, quelqu'un d'autre faisait ce qu'il voulait de moi et je souffrais horriblement dans l'horreur de mes journées. Je subissais comme un lavage de cerveau, j'avais l'impression de n'être plus personne, qu'un être sans corps et sans âme, une machine gesticulante tout au plus. Je restais des heures à regarder le plafond de la petite chambre à laquelle j'avais eu droit, et le temps était comme figé, glacé à jamais. Le pire des cauchemars, être enterrée vivante, devait sûrement ressembler à cela. J'étais en état de survie, je ne me rendais même pas compte de ma respiration. Pendant les deux premiers mois de « traitement », aucun son ne sortit de ma bouche, à part pour dire bonjour et au revoir à ma mère qui venait seule rendre visite à la grande malade qu'ils avaient envie que je sois…

Les essais de médicaments sur moi durèrent six mois et l'hospitalisation, prévue deux semaines au départ, dura presque une année…

Je n'étais plus moi-même, avec toutes mes douleurs inexprimées et pourtant présentes, mon passé un peu douloureux et mon blocage, mais une tout autre personne qui avait appris à respirer, à parler et même à se déplacer différemment. Un zombie, une morte vivante qui parlait comme un automate et qui répétait ce que les médecins (ou le médecin) lui dictait : « Tout va bien, je vais beaucoup mieux. » Je mentais, mais j'avais tellement peur que ce soit encore pire, qu'on me donne d'autres médicaments que j'acceptais tout. Mes problèmes et mes questions n'ayant été absolument pas résolus, mais restés en stand-by…

Si véritablement, cette hospitalisation avait été pour mon bien, comment se fait-il que jamais, pas une seule fois durant une année, personne ne m'ait simplement demandé comment j'allais et que personne ne m'ait au moins vraiment écoutée juste cinq petites minutes ? Le médecin B. avait fait ses tests sur moi, il était très satisfait, tout en faisant croire à ma mère que j'étais presque irrécupérable et qu'il m'avait lui heureusement sauvée…

Comme pour mon frère à l'époque quand certains médecins avaient dit à mes parents qu'il n'était pas normal… La normalité, toujours cette fichue normalité…

Partie III

Entre nous, patients cobayes, on essayait de se soutenir et de comprendre pourquoi nous étions là. Si nous avions dérapé du « cursus normal » de la vie, nous étions aussi conscients d'être dans un labyrinthe dont il était très difficile de sortir une fois qu'on y avait pénétré.

Nous avions entre dix-huit et vingt-cinq ans et ce qui nous avait amenés était différent pour chacun, toutes les histoires étant différentes, mais nous étions là surtout, car nous étions différents. A., avec qui je suis restée en contact, était arrivé aussi en même temps que moi dans ce centre et il subissait le même sort. Aucun n'avait vraiment fait de bêtises ou était agressif, mais le malaise était plutôt dirigé sur nos questionnements et les médecins en rajoutaient à nos idées soi-disant décalées, mais néanmoins pas fausses de la vie. Nos repères étaient flous et nous étions tous très fragiles et plutôt fragilisés, tels des ballots flottant dans une tempête en pleine mer. Des problèmes d'enfance et d'adolescence avaient ressurgi et nous malaxaient la tête et le cœur, ce qui nous rendait justement faibles et manipulables. Certains avaient fait des tentatives de suicide, des appels au secours pour demander de l'écoute, d'autres avaient pris des drogues ou de l'alcool (il est vrai que je n'avais pas la même problématique, j'étais une voyante débordée par mille ressentis sans arriver à les canaliser) – tous demandaient un peu d'écoute et personne n'en recevait réellement, car le personnel n'avait véritablement pas le temps de s'intéresser à chacun(e). De mon côté, il y avait tellement de sujets à débroussailler que ce genre de médecins désintéressent totalement. Le Dr B. préférait nous droguer, nous « médicamenter » comme il aimait à le dire pour nous maîtriser et avoir l'impression de nous soigner, se sentir tout puissant en fait. J'ai toujours espéré qu'un jour cet homme sorte de sa propre camisole chimique émotionnelle, car quelqu'un qui veut à tout prix soigner en dominant les émotions des autres est un bourreau de la pire espèce. Frapper pour mieux contrôler, cela s'appelle du despotisme.

Ma mère attendait qu'on la rassure, elle avait besoin d'être rassurée et cela souvent par des personnes dont elle ignorait (et ignore encore parfois) être manipulée. Depuis la mort de mon père, elle avait perdu certains repères. Comme moi-même, et je n'arrivais plus à jouer le rôle de catalyseur familial, c'est donc son ami qui tenta de jouer ce rôle-là. C'était d'ailleurs trop pour moi, je n'y arrivais plus, j'étais dépassée par les événements et ce n'était pas mon rôle en fait.

Donc, voici que les entretiens avec le Dr B. (c'est-à-dire le bourreau) se déroulaient avec ma famille, c'est-à-dire ma mère et son ami P., ma sœur et mon frère n'étant que très peu présents. Tantôt, le médecin accusait mon frère, tantôt ma mère. Deux bourreaux s'échangeaient leurs rôles : le médecin se défoulant sur moi et l'ami de ma mère qui ne comprenait pas le fond des choses ; et une mère que je dérangeais dans ses convictions profondes ; de plus un ex-fiancé qui était empêché de vraiment s'investir pour moi. J'étais en chute libre, abandonnée et humiliée. Le corps médical ne voyait pas l'iceberg entier, mais uniquement ce qui dépassait de la surface, donc pour ainsi dire rien. Pour être plausible dans leur lexique médical, il fallait, même consciemment, qu'ils détournent la réalité à défaut de chercher le fond du problème, le reste étant trop complexe pour eux. Pourtant quelqu'un d'un peu ouvert d'esprit et doté d'un peu d'empathie aurait pu peut-être comprendre…

Je me dis toujours comment cela se fait-il que les enfants comprennent mieux nos problèmes que nous-mêmes parfois. Ils ont à mon avis la clarté des sentiments et du cœur, là est leur force magnifique. Nous, les adultes, perdons parfois ce don si élémentaire à la vie. Certains heureusement le gardent un peu même en prenant de l'âge et ce sont en général de très belles personnes.

Peut-être était-ce un moyen pour la plupart de ces infirmiers et ces médecins d'apprivoiser leurs propres malaises que de nous soigner de cette manière. C'est aussi une grande dictature pharmaceutique qui dirige la santé des gens en Europe et dans le monde. Bien sûr qu'il y a des millions, ou plutôt des milliards en question et il s'agit d'un grand business. L'argent et le pouvoir dominent encore le monde et les solutions de santé en sont devenues des supermarchés au sens commercial et lucratif. Ce qu'il n'aurait jamais dû l'être... C'est tout le contraire de la déontologie dont doit faire preuve le corps médical. Tous les médecins ne suivent pas ce leitmotiv heureusement, mais certains y sont forcés pour des raisons économiques. Il faudrait vraiment qu'il existe un grand organe de contrôle. Il en existe quelques-uns, trop peu actifs pour l'instant pour un véritable contrôle. Les gouttes passent totalement entre les mailles du filet… et surtout, il est très difficile de se défendre dans ce cas de figure. Les médecins sont parfois vus comme des demi-dieux et leur parole fait foi d'office. Mais un médecin reste un être humain qui peut se tromper !

Nous étions donc un petit groupe à vivre ensemble et à subir des traitements médicamenteux draconiens et annihilants – des drogues autorisées en fait. Nous ne sortions pas du tout du tourbillon infernal, au contraire, nous y plongions d'autant plus. Certains supportaient mieux que d'autres les traitements et les effets secondaires, effets souvent bien pires que le problème lui-même, car quand un traitement n'était pas supporté, ce n'était pas très beau à voir : crises de tétanies, états d'apathie, problèmes d'élocution, pertes de mémoire, idées débiles et répétitives… enfin bon, on nous transformait en mollusques apathiques. De la pâte à modeler vivante pour le plaisir de ces médecins fous.

Cette mafia de médecins organisés pour tester sur nous leurs médicaments était passée dans les habitudes de cet hôpital. Nous n'avions aucune espèce de droit de défense. Nos droits élémentaires étaient totalement bafoués – aucune possibilité de réclamer, juste parfois pour quelques chanceux, la copie d'un papier avec des textes de lois compliqués pour faire recours contre la décision d'enfermement, recours qui était à chaque fois communiqué au-delà du délai légal de trois semaines pour le faire. De plus, avec les tonnes de pilules avalées, rien pour que nous puissions nous exprimer et impossible même d'arriver seulement à tenir un stylo entre les mains pour écrire et se défendre.

Le droit uniquement de se taire et d'accepter n'importe quel traitement d'office après cinq minutes de discussion pour le diagnostic, cinq minutes pour une vie. Nous ne savions même pas ce que nous avalions. Pour le savoir, il fallait être gentil avec les médecins, en fait leur lécher les bottes pour une minuscule information. Humiliés et laissés pour compte, pires que des animaux en cage, des bêtes malades que la société s'efforçait d'oublier rapidement, car la plupart du temps simplement des personnes hors norme ou différentes simplement.

Je n'étais moi-même au début pas assez sur le qui-vive, c'est-à-dire pas assez maligne et ne voyant pas arriver les choses. J'étais jeune, je n'avais que vingt-trois ans. Je ne savais pas que tout ça existait. Je ne l'ai su qu'après, avec les années. Je pensais avoir à faire à des personnes bonnes et bienveillantes. J'étais naïve, j'ai donné ma confiance trop rapidement, comme ma mère l'avait fait avec ce corps médical corrompu.

Mes propos devinrent incohérents, je n'étais plus moi-même.

Je disjonctais à force de me débattre dans ma tête et de n'avoir aucune réponse à mes questions. Une perception auditive extrasensorielle très peu agréable que j'avais eue se transformait pour le corps médical et pour ma famille en hallucinations à répétitions. Puis cette histoire avec ces trois voitures folles qui me firent tomber dans le fossé avec mon vélo fut interprétée comme hallucination bien évidemment aussi ! Et même comme cas d'école par le directeur de l'établissement psychiatrique… un interminable et insoutenable malentendu… était-ce d'ailleurs réellement un malentendu ?

Mon état d'hypersensible ne me rendait pas service, j'étais la proie de n'importe qui pratiquement, tellement j'étais sur le fil du rasoir.

Les portes de l'invisible m'avaient joué un tour et j'étais perdue. Allah ou Dieu m'avait-il abandonnée ?... Je savais que non, mais j'appris avec le temps que mon don de voyance devait se cultiver et non se faire écraser et évincer, comme certain(e)s le souhaitaient. Ce n'était à personne de diriger ma vie, mais à moi-même avec mes facultés un peu spéciales. J'étais une personne connectée au monde des esprits depuis toujours et ça ne se soignait pas, mais se maîtrisait et se cultivait avec l'expérience.

Qu'il ne fallait surtout pas en avoir honte ou peur, que je n'étais pas une femme étrange et bizarre, mais devant être et rester sûre d'elle avec ses antennes sur d'autres mondes. Aucune honte à cela, bien au contraire, sauf pour ceux et celles qui perçoivent cela comme une malédiction ou une tare.

Je sais que je peux aider grâce à ce don dont Dieu m'a pourvue. Ce n'est pas pour ne rien en faire et le mettre dans un placard fermé à double tour. Cela porte la malchance de le terrasser pour qu'il n'existe pas.

Certains événements choquants, comme la mort de ce jeune homme ou encore l'agression de ces deux voitures, m'avaient empêchée de voir les choses avec distance et calme. Les repères que mes parents m'avaient donnés s'étaient étiolés au fur et à mesure de cette hospitalisation forcée qui ne m'avait que détruite intérieurement. Je sortais de cet épisode médical avec vingt kilos de plus, je ne me reconnaissais plus ni physiquement ni mentalement. Ma force vitale s'était presque éteinte et ce feu si précieux et nécessaire à ma vie allait être mis continuellement à rude épreuve les années suivantes.

Après le choc de la mort de mon père, décédé à l'âge de quarante-quatre ans d'un cancer des ganglions lymphatiques qui l'a emporté en l'espace d'une année et demie, cela avait été une vie après la vie, une autre vie à apprendre, sans sa protection, sa gentillesse et ses précieux conseils pour l'entrée dans la vie d'adulte. Puis au moment aussi où l'homme que j'aimais m'abandonnait, j'apprends qu'un ami se suicidait en s'étouffant avec un sac en plastique sur de la tête… La vie n'est pas toute rose, comme mes parents s'étaient tellement évertués à nous le démontrer, à nous les enfants. Pourtant, ils ont eu totalement raison de nous montrer le monde sous les yeux de l'Amour, car il n'y a que là qu'est la Vérité, même si certaines personnes n'y croient pas ou plus.

Le monde était-il fou ou bien était-ce moi qui devenais folle ? Ou les deux… Mais je savais tout au fond de moi que le feu était là, qu'il ne s'éteindrait jamais, aussi petit et faible soit-il. Je me remettais complètement en question et j'allais découvrir de nombreuses très belles choses finalement, pourtant le parcours allait être excessivement périlleux et presque me précipiter au bord de la folie… J'allais vouloir m'échapper de cette réalité parfois hideuse en partant ailleurs, un peu trop loin parfois, ce qui par la suite allait m'aider à élaborer un début de prise de conscience sur ma famille et ma vie.

J'étais tellement idéaliste, comme un nouveau-né que tout intéresse. Je le suis restée quand j'en ai parfois l'occasion, cette force faisant trop de jaloux. Je me déplaçais dans un monde de rêve dans une école d'art et je touchais le fond en quelques mois, ce qui pour la fierté de mes vingt-trois ans était un peu extrême à accepter.

Je n'avais pas la maturité nécessaire pour m'en sortir, tout me tombait dessus et j'étais accablée soudain d'autant de malveillance et de malheurs.

Alors voilà, cet hôpital était devenu un peu comme mon chez-moi et allait le devenir malheureusement encore plus que je ne l'aurais soupçonné au départ – les murs de ma chambre rétrécissaient chaque jour un peu plus et le plafond, que je passais des heures à fixer tout en luttant contre des angoisses indéfinissables, me donnait l'impression de se rapprocher de moi. J'étais « en chambre » comme disaient les infirmiers, j'étais là pour moi, pour prendre le temps soi-disant et je n'avais en même temps aucun motif d'y être, juste celui pour le perdre peut-être.

J'avais l'impression d'être dans la chambre de Chloé, comme dans le récit de « L'Écume des jours » de Boris Vian. Contrairement aux murs et au plafond qui rétrécissaient, les journées et les heures ne faisaient que s'allonger à n'en plus finir, au point de paraître une éternité. La torpeur s'installait en moi. J'avais lâché les brides du cheval de ma vie et quelqu'un, n'importe qui en fait, les avait prises de force. Je ne voyais plus d'espoir de m'en sortir, car on essayait de bien me faire comprendre qu'il n'y avait rien en moi de bien. Tout était figé, pétrifié comme dans la glace, impossible de se mouvoir dans son corps ou dans sa tête. Mais tout notre petit groupe de patients cobayes essayait de se soutenir un peu, c'était cela qui nous faisait survivre. Ce calvaire dura presque une année, avec tous les trois mois un entretien avec le Dr B., le bourreau. Je ne faisais qu'attendre ces entretiens rares qui pouvaient déboucher sur une possible et éventuelle sortie. J'évoluais dans un monde cotonneux immensément désagréable, qui me permettait à peine de me manifester à part pour acquiescer, tellement gavée de médicaments que même mon ouïe n'arrivait pratique-ment pas à entendre les conversations entre ma mère, son ami, le médecin et l'infirmier présent, le médecin ayant fait en sorte que j'eus pris ma dose avant l'entretien, pour que je ne puisse qu'à peine m'exprimer. Je me rappelle que depuis mon monde totalement ouaté et très inconfortable, ma famille discutait avec le médecin et les infirmiers de mon « évolution », et mon esprit essayait vainement de s'accrocher à des bribes de conversations.

Je me disais intérieurement que le moment de ma sortie allait peut-être arriver et mes angoisses commencèrent à partir, car j'avais l'espoir de sortir et de mener à nouveau ma vie comme je l'entendais. Ma liberté allait pourtant être entravée encore et encore par certaines influences familiales et aussi extérieures. Même si le Dr B. allait bientôt « lâcher le morceau » en quelque sorte, certains, eux, n'allaient pas le lâcher aussi facilement.

Au départ, on m'avait donné de faux espoirs et je devais rester hospitalisée, j'étais trop fragile, ou m'avait-on plutôt bien fragilisée… La matière première humaine que j'étais pour les diagnostics du Dr B. n'était que trop bonne aubaine pour lui et les infirmiers et les infirmières faisant leur travail, ils n'étaient sans aucun doute pas vraiment malintentionnés, mais tout de même collaborateurs dans ce système de « soins ». Ces terribles médicaments me terrorisaient à tel point que, pour moi, c'était déjà gagné de ne pas devoir les changer et de faire avec ceux que je devais déjà avaler. Je ne bronchais pas, on m'avait domestiqué à merveille ! Nous étions tous en fait complètement angoissés par ces neuro-, benzo- et autres diazépines si bien que certains allaient chercher de la documentation, des livres compliqués sur ces pilules du malheur pour comprendre de quoi on les accusait de souffrir. Le mot « accusé » est très bien placé à mon avis, car non seulement, dans notre société, il n'est pas de bon genre d'être déphasé, ou pire de prendre des médicaments psychotropes qui soi-disant soignent, et d'avoir en plus encore l'audace d'être mal dans sa peau.

Dans le domaine de la santé, la société est contrôlée par l'industrie pharmaceutique ultra-puissante, qui détient un grand pouvoir économique sur les médecins, qui eux-mêmes sont donc obligés de suivre un certain « code » médical pas du tout forcément déontologique, sous peine de perdre leur cabinet…

La peur du médecin était bien stupide quelque part, un médecin restait toujours un être humain qui pouvait justement se tromper comme dit précédemment. Mais c'était le pouvoir donné à ces puissants analgésiques de l'esprit et de l'initiative, et lorsque ces deux principaux moteurs de l'action sont bâillonnés, c'est la panique intérieure, et celle-ci est extrêmement difficile à supporter. Cet état-là est comme si l'on est accroché quelque part, très loin, à une existence parallèle dans un autre espace-temps n'ayant aucun rapport avec la vie, une impossibilité à lier des liens avec des choses rassurantes connues depuis toujours, des idées qui font que l'on se sente bien, l'âme en paix. Des larmes coupantes et acérées tel un rasoir que l'âme ne peut évacuer…

Tout ce monde psychiatrique que je commençais à connaître me faisait perdre lentement mais sûrement mes repères. Je vivais des moments terribles que les psychiatres considéraient comme tout à fait normaux apparemment, ce qui apportait son lot d'insécurité, et malheureusement j'étais dans l'incapacité – et l'interdiction – de mettre des mots sur tout ça. J'étais incapable de me défendre, j'avais trop peur d'eux, certains d'eux étaient si mauvais et si malintentionnés !

Après cette année, qui allait définir et moduler les trente prochaines, je pus enfin sortir de cet hôpital, mon passage n'ayant été prévu que d'une durée de deux semaines au tout début de cette histoire « médicale » …

Chapitre 7
La sortie et le retour « à la maison »

Je restais chez ma mère pendant trois mois, dans un état de somnolence continuel sur une chaise longue, durant pratiquement toute la journée, ponctuée par les repas, les prises des pilules et les couchers. J'attendais la fin de la journée pour pouvoir dormir et me retrouver un peu dans un bien-être que je ne trouvais que dans les rêves, où j'étais encore libre. Probablement qu'à ce moment-là, on avait bien réussi à me faire croire que j'étais effectivement folle.

Ma mère décida de m'envoyer dans un centre pour handicapés, un centre de formation pour les personnes atteintes dans leur physique et/ou dans leur mental, en vue d'une réorientation professionnelle. Pour moi, au point où j'en étais, j'y voyais l'opportunité de reprendre mon autonomie et j'acceptais.

Avais-je le choix ? De toute façon, je ne voulais plus revenir en arrière et je ne voyais pas ce que j'allais faire d'autre, car je n'avais aucun projet particulier. Mes rêves étaient tous complètement tombés à terre.

Chapitre 8
L'autonomie provisoire et mal gérée

Dans ce centre, j'allais y faire du dessin technique dans le domaine de l'électricité durant une année et demie. J'y retrouvais A. par hasard, que j'avais connu à l'hôpital. Les tracés au rotring, stylo à encre de Chine pour dessin technique, et l'esprit de précision indispensable à ce travail me plaisaient, mais passer d'un coup de pinceau au dessin technique, c'était comme sauter du coq à l'âne. Et bien que cela ne me déplaisait pas et que j'y appris le côté rigoureux du dessin, je ne pus m'empêcher de retourner vers mes vieux rêves ; j'essayais donc d'effectuer un stage dans une agence de publicité, puis dans une imprimerie, ce qui fut couronné de succès. On m'avait présenté à une connaissance et les travaux que j'avais effectués dans l'imprimerie avaient beaucoup plu. Je pouvais commencer un apprentissage de polygraphe ! J'étais très heureuse. Malheureusement, comme l'assurance-invalidité prit contact avec mon futur employeur, bien que je leur eusse demandé de ne pas appeler, celui-ci apprit un peu de mon passé et il crut qu'il ne pourrait pas me faire confiance, à cause d'un soi-disant handicap qui n'était plus actuel, et tout tomba à l'eau. Le serpent se mordait la queue et la chute dans la spirale infernale allait recommencer…

Un soir, je me retrouvais seule dans la rue, car l'ami-collègue du jeune homme avec qui j'avais vécu, grâce à qui j'avais pu faire le stage à l'imprimerie, était censé venir me chercher ; mais là, il m'avait laissée tomber. Il était environ une heure et demie du matin et j'avais loupé le dernier train – un ancien collègue de l'École d'art me suivait de trop près ce soir-là. Je n'avais donc pas pris le train avec lui pour être tranquille – et je m'étais retrouvée seule, perdue dans la rue. J'avais essayé d'appeler le collègue de l'imprimerie et il ne répondait pas au téléphone. Quelques minutes plus tard, j'aperçus un taxi et j'avais encore cinquante francs suisses dans ma poche pour payer la course, ce qui suffisait pour rentrer chez moi. Des hommes d'origine africaine me firent signe que je pouvais prendre ce taxi, commandé par eux au départ. J'y montais rapidement en les remerciant et je n'eus pas le temps de donner au conducteur la destination que les deux hommes montèrent avec moi en me coinçant du côté de la porte arrière gauche. Je voulus sortir, mais la porte était bizarrement bloquée. Je ne pus plus décider de la suite, j'étais perdue et effrayée et ils en profitèrent. Je fus kidnappée et le conducteur du taxi ne broncha pas. Cela semblait organisé. Ce qui m'arriva ensuite fut terrible, car j'étais tombée sur des dealers et l'un d'eux me soûla en me forçant à boire de l'alcool sous peine de me frapper et il m'emmena de force chez lui. J'avais essayé de m'échapper à plusieurs reprises, appelant aussi la police et mes proches, mais personne au bout du fil… je ne savais pas comment sortir de cet appartement. Dans la nuit, il abusa de moi. Un cauchemar sordide dont on ne se réveille jamais. Le lendemain, je pus me sortir de cette atrocité en feignant d'être sympathique. Je marchais plus tard frénétiquement dans les rues comme un robot, complètement perdue, souillée, mais vivante ce qui ne me paraissait pas si mal vu les circonstances.

J'appelais le collègue de l'imprimerie et il fut choqué. C'était le jour avant Noël, mais il n'eut pourtant pas vraiment le temps pour moi. Il me laissa à la gare avec un cabas de commission, car j'étais allée faire des courses, histoire de me rassurer comme je le pouvais. Puis je pris un train, qui ne s'arrêta pas dans la ville où j'habitais, mais beaucoup plus loin. Là, je trouvais un téléphone et j'appelais ma mère qui ne comprit rien du tout de ce qui s'était passé. Ensuite, j'appelais mon frère qui, lui, me dit d'aller porter plainte à la police tout de suite, ce qui était évident, mais je n'arrivais plus à réfléchir.

Avec la présence de la famille du jeune homme que j'avais connu, nous passâmes toute la veille de Noël au poste de police, même si la police ne crut pas un mot de mon histoire au départ. Les preuves étaient pourtant là. Une femme dans la brigade des mœurs de la police me prit à part puis elle m'entendit et me soutint dans cette horreur que je venais de vivre.

Seule et humiliée, livrée ensuite à moi-même dans une maison un peu bizarre, des événements étranges se produisirent, tels que je n'en avais jamais vécu dans l'enfance et qui s'étaient révélés dans l'adolescence et dans la vie de jeune adulte. Certains m'avaient effrayée au départ, j'appris à vivre avec bien plus tard en me protégeant comme il faudrait toujours savoir le faire : grâce à la prière. Certains des phénomènes paranormaux étaient des signes positifs, mais beaucoup étaient vraiment terrorisants. Mon mental avait été très bousculé alors peut-être que les éléments se déchaînaient à la suite de cela…

J'avais pris un gros chien de quatre-vingts kilos, un chien de la race des Léonberg du nom d'Akir Junior. Je l'avais trouvé attaché à une grosse chaîne dans une ferme après avoir téléphoné à une petite annonce. Je m'étais approchée de lui tout doucement pendant qu'il aboyait férocement, puis plus j'arrivais près de lui, plus l'animal s'était calmé jusqu'à ce que je puisse finalement lui flatter le dessus de la tête. Il avait été d'accord de me suivre, car il avait compris que c'était dans son intérêt. Les propriétaires me l'avaient donné de très bon cœur en sachant bien qu'ils n'arrivaient plus à s'occuper de lui et qu'il était entre de bonnes mains. Et moi j'avais grand besoin de réconfort après ce qu'il venait de m'arriver. Mais je ne m'attendais pas à ce qui allait encore se passer…

Un soir, seule dans mon lit, en train de m'endormir plus ou moins paisiblement, les volets de la maison claquèrent de manière tellement brutale que j'en fus terrifiée. Qui avait fait cela, quels idiots s'étaient amusés à me faire peur ?... J'appelais la police, persuadée que c'était les mêmes individus, les deux dealers, qui m'avaient enlevée et qui voulaient me harceler. Des policiers vinrent tout de suite et ils firent le tour de la maison. Mais personne. Pas âme qui vive, tout était parfaitement calme. Pourtant je n'avais pas rêvé !

Les deux policiers m'emmenèrent au poste de police pour voir un médecin, après qu'un des policiers avait pu montrer ses prouesses de conducteur en roulant à cent cinquante kilomètres dans les rues de la ville pour se défouler les nerfs. Sur place, une cohorte de personnes maquillées avec du talc sur le visage assiégeait le poste de police et cherchait la bagarre ce soir-là. Une soirée de fous quoi ! Je passais presque toute la nuit au poste à attendre. Le médecin de garde arriva longtemps après que tout le monde fut parti. Il m'écouta cinq minutes puis il me donna un médicament douteux que je devais prendre tout de suite. Je lui promis de le prendre une fois à la maison, ce que je ne fis pas. Je rentrais chez moi terrorisée à l'idée de n'avoir pas pu trouver d'aide adéquate pour ce genre de problème si particulier. C'était le jour de Noël… je passais une nuit affreuse.

Le lendemain, l'hôpital régional m'appela. Il y avait une urgence médicale me concernant. Je ne compris pas laquelle. Je m'y rendis très rapidement avec un taxi envoyé par l'hôpital lui-même et j'y appris sur place que je risquais d'avoir été infectée du virus du Sida !...

La police qui avait fait des prélèvements sur moi avait découvert que le violeur-dealer de drogue africain avait le Sida. Là, je vis ma vie défiler devant mes yeux… Mais pourquoi tout cela m'arrivait ? À quoi cela rimait-il ? Qu'avais-je bien pu faire de si affreux pour mériter tous ces calvaires ?

J'avais parallèlement commencé des cours dans une école de langues et cela me fit tenir le coup. Quelques semaines plus tard, avec la trithérapie en prévention, je fus hors de danger du point de vue strictement médical. Pour le reste, ma tête et mon corps baignaient dans un chaos complet. La peur m'accompagnait dans les rues de la ville, partout où j'allais, à tel point que je quittais ce rez-de-chaussée apparemment un peu trop hanté par des esprits perturbateurs (?) de cette maison du début du 20e siècle. Il s'y était passé des événements difficilement explicables scientifiquement : j'avais eu tout de même effectivement à faire à des fantômes me tripotant pendant la nuit, ou bien grattant le dessous du plancher du lit, ou bien il y eut aussi cette vieille femme claquant les portes de l'appartement et traversant la chambre à coucher en flottant sans jambes et toute de bleu vêtue ! Le cliché type du fantôme…

Un monde invisible et parallèle existait bel et bien…

Cet ami A., qui habitait dans la même ville et qui avait suivi les cours de dessin technique avec moi dans le centre de réorientation professionnelle, me rendit un jour visite dans cette maison avant que j'en parte. Je ne sais s'il remarqua l'immense malaise qui régnait chez moi. Quoi qu'il en soit, j'avais bien compris que je devais partir de cet endroit, surtout après le choc psychologique que j'avais subi avec le kidnapping des dealers de drogue. À certains moments de ma vie, je me disais que j'avais la vie d'un vrai roman-feuilleton. C'est en fait parfois à peine croyable pour moi-même de réaliser que toutes ces histoires rocambolesques me sont bien arrivées… Pourquoi la vie de certaines personnes était-elle si calme ? La mienne n'avait rien de reposant… Un mauvais esprit me poursuivait-il ? La magie noire existait-elle réellement ? Les fantômes étaient-ils bien des entités issues d'un monde parallèle ? Je ne savais plus, tout se mélangeait dans ma tête.

Je pris donc quelques affaires et je partis avec mon énorme chien Léonberg prénommé Akir Junior, qui était d'une grande douceur malgré son côté molosse. Me promenant au hasard, un peu déboussolée, mais plus sereine, je rencontrais D. Il vit mon malaise et il me proposa d'habiter quelque temps chez lui. Je trouvais ça vraiment sympa et j'acceptais. J'avais trop peur de remettre les pieds chez moi, car le psychopathe-dealer qui avait profité de moi, bien que recherché activement par la police, savait mon nom et il pouvait me retrouver ; d'ailleurs, cette maison où j'habitais était apparemment quand même un peu trop fréquentée par des entités invisibles. D. voulut me rassurer et voir ce qui se passait dans cette fameuse maison. Il fut bien vite épouvanté, avec une odeur bien bizarre qui flottait dans et autour de la maison. Nous y dormîmes une nuit pour voir si nos impressions étaient les mêmes. Il me raconta qu'il eut les mêmes sensations : des personnes invisibles l'avaient touché pendant la nuit, en demi-sommeil. Au départ, j'avais pensé que c'était peut-être mon imagination, mais là je voyais que je n'étais pas la seule à avoir ressenti ces choses.

L., le jeune homme avec qui j'habitais dans cette maison au départ, était même parti en prenant toutes ses affaires illico presto après m'avoir entendue parler pendant une heure ou deux dans une langue inconnue pendant mon sommeil. Il avait été terrifié. L'histoire de cette vieille femme toute de bleu vêtue l'avait tout autant angoissé – qui était entrée par la porte d'entrée comme si elle le faisait tous les jours en claquant violemment les portes derrière elle, tout comme si elle était chez elle. Une personne probablement qui avait habité les lieux avant nous, il y a bien longtemps, et qui ne les avait jamais quittés… Cette vision que j'avais eue reste gravée à tout jamais dans mon esprit : vision vaporeuse, bleue et flottante, d'une légèreté incroyable et disparaissant peu à peu dans l'atmosphère de la chambre. Les bruits des portes avaient réveillé L., qui était parti dès le soleil levant. Je n'avais pas réussi à le rassurer suffisamment. J'aurais peut-être dû lui mentir, mais un jour ou l'autre, il aurait su qu'il vivait avec une médium-voyante.

Donc D. voulait m'aider à découvrir ce qui se passait dans cette maison, et après l'expérience d'une nuit dans ladite chambre, il conclut comme moi qu'il fallait partir. Tout ça n'était pas bien méchant, mais tout de même très déstabilisant, j'avais vraiment besoin d'un endroit plus calme et j'acceptais de le suivre.

Chapitre 9
Le retour à l'hôpital

Les circonstances de notre rencontre ne m'avaient pas permis d'être très objective dans ma relation avec D. et après une anecdote qui ne me permis pas de lui faire confiance, je décidais de cesser cette relation alors que j'étais retournée à l'hôpital, ce fameux hôpital si accueillant dont les portes étaient toujours ouvertes pour moi dans le sens de l'entrée, mais pas de la sortie, mes perceptions extra-sensorielles n'étant absolument pas comprises par cet environnement psychiatrique. J'étais bien bête, j'avais à nouveau tout raconté et évidemment j'étais catalogué comme mentalement malade. Je n'avais toujours pas compris que je ne m'adressais pas aux bonnes personnes pouvant m'aider, j'étais perdue, je ne savais pas à qui raconter tout ça. Les médecins m'avaient amadouée, j'étais en plus de cela un bon cobaye, j'avais aussi déjà fait un séjour conséquent dans cet hôpital : la « patiente - cliente » idéale.

Quelle idiote ! J'avais à nouveau trop parlé et certains médecins se pourléchaient les babines de mon « cas »...

Ce fut-là finalement l'espace d'une à deux semaines, un endroit pour me remettre de mes émotions, mais ensuite je n'y voyais plus l'intérêt. J'y restais tout de même trois longs mois. Je connaissais bien le comportement à adopter pour qu'on me laisse sortir alors je jouais le jeu de la personne qui sait qu'elle doit se soigner. Je me disais après ces trois mois que j'avais raconté des histoires et que ce n'étaient qu'élucubrations, car cela n'existait pas. Mon cerveau avait été en quelque sorte lavé de ces idées bizarres. Bizarres peut-être, mais c'était bien la réalité que j'avais vécue, d'autres personnes pouvaient même en parler aussi. Je ne voulais pas accepter de me soumettre à ces médecins, mais c'était plus simple de leur donner raison, car c'était assez lourd à porter et il m'était aussi impossible de voir la porte de sortie si je m'entêtais à les contrarier, même si je disais évidemment la vérité. J'avais eu de toute façon l'esprit bien embrouillé. En plus de cela, les médicaments me calmaient beaucoup trop et ils ne me permettaient pas d'avoir vraiment du recul sur les événements. C'était aussi trop tôt pour faire la part des choses et dans ma famille, personne n'y croyait. J'étais aussi sous le choc d'une agression. En tout cas, je me sentais bien seule à l'époque. Mais je me posais tout de même la même question : pourquoi autant d'événements s'étaient-ils enchaînés au point d'en arriver là ? Mystère… La vie ne nous prévient jamais des événements qui surviennent.

Je ne donnais donc pas plus d'explications, laissant croire aux médecins que j'avais fait à nouveau une décompensation psychotique, comme ils l'avaient diagnostiqué la première fois, car je savais que plus je me défendais, plus ils me donneraient de médicaments psychotropes. De toute façon, pour tout le monde, ils avaient raison et je me trompais, ou plutôt j'avais rêvé… Je me disais que ma vie et mes perceptions des choses étaient peut-être un peu différentes des autres et que c'était peut-être un handicap pour mener une vie soi-disant normale. Il fallait que je vive avec cette sensibilité un peu hors du commun, et tristement l'étouffer, car il n'y avait pas de place pour cela dans notre société toute formatée, enfin c'est ce que je croyais à l'époque. Heureusement que je rencontrai par la suite des personnes qui me comprendraient et qui m'aideraient, bien des années plus tard.

Plus j'étais proche de reprendre ma vie, plus je ne savais plus si j'avais effectivement rêvé ou non, tellement on m'avait lavé le cerveau. Parfois la réalité est proche de l'imaginaire et je décidais d'enfouir tout cela très profondément, dans un tout petit coin de mon cerveau et d'oublier. Peut-être étais-je réellement folle, ce que me firent croire beaucoup de médecins.

Chapitre 10
Une période de stagnation et d'avancée

En sortant de l'hôpital, j'allais travailler dans un centre pour handicapés mentaux, un centre un peu plus sérieux que le précédent. Nous étions payés – pas plus qu'une misère – mais j'y rencontrais des personnes sensibles et, contrairement à ce qu'on peut penser, intéressantes, avec des vécus assez difficiles et bien sûr douloureux, comme moi. Mais je ne me sentais pas handicapée…

Ce fut une période d'insouciance, et bien que je prisse beaucoup de poids à cause de médicaments (vingt kilos en deux ans), je ne me sentais pas si mal, car pour une fois au moins un peu acceptée avec ce que beaucoup de gens jugeaient comme un handicap. Mon père aurait sûrement dit que le papillon n'avait pas encore déployé ses ailes !

Puis je décidais d'obtenir un diplôme dans le domaine du secrétariat, ce pour quoi on ne m'encouragea pas, me répétant que j'étais très malade et que je n'y arriverai absolument pas. Bien sûr, reprendre des études n'était peut-être pas facile après tout ce que j'avais vécu, surtout avec beaucoup de médicaments. Je dus m'y reprendre à deux fois avant de réussir mon diplôme, car la première année, je dormais sur mon pupitre tellement j'étais dopée de neuroleptiques. Les copines de classe crurent que je me droguais à cette époque. J'en avais d'ailleurs vraiment l'apparence. La psychiatre qui me suivait à cette époque baissa le dosage, ce qui me permit, en faisant de gros efforts afin de rester éveillée pendant les cours, de les suivre correctement et d'avoir un peu de conversation avec les autres. C'est vrai qu'à certains moments, les conversations plus pointues, sur des sujets qui me passionnaient auparavant, me manquaient vraiment terriblement, mais impossible de soutenir mon attention très longtemps, mon cerveau trop endormi n'arrivait pas à suivre.

Puis j'ai pris jusqu'à quarante kilos de plus que mon poids habituel... à cette période, j'avais fini ma formation accélérée et réussi le diplôme, pour commencer tout de suite comme secrétaire à mi-temps dans un musée, mais mon physique était abominable par rapport à la belle personne que j'étais quand j'allais bien. Je me regardais dans la glace et je décidais d'en parler avec ma psychiatre. J'avais prouvé, au prix de mille efforts, que j'avais pu me réinsérer dans la vie active et que ces médicaments neuroleptiques étaient vraiment en surdose. Moi-même je ne reconnaissais pas vraiment mon apparence, ni mes proches d'ailleurs, ce qui était très difficile à vivre. Je ne savais plus réellement qui j'étais, j'errais dans une vie qui ne me ressemblait pas du tout, toute formatée et sans aucun sens pour moi, ni pour les personnes qui m'entouraient.

L'enfer était sous mes pieds, je brûlais intérieurement comme un feu sans fin et sans répit, ni le jour ni la nuit...

Je ne savais pas à cette époque que les psychiatres ne comprenaient pas le genre de phénomènes que j'avais pu rencontrer. Ils catégorisent cela encore souvent comme de la psychose ou de la schizophrénie, mais ce sont bien souvent des djinns, ou des mauvais esprits, qui perturbent une personne qui souffre. La prière et le rapprochement à Dieu ou Allah – il est à mon avis possible d'appeler le Créateur de l'Univers comme chacun ou chacune le souhaite – est une solution, avec des prières spéciales pour guérir complètement et aussi se protéger des pensées malveillantes. Et surtout ensuite pour utiliser ce don unique de manière utile pour le bien, l'accepter pour qu'il prenne toute son ampleur et sa valeur.

Donc, je ne fis que demander patiemment et nerveusement de baisser cette médication, ce que cette doctoresse accepta. Je sentais bien déjà que ces médicaments n'étaient pas la réponse à mes inquiétudes, mais à défaut d'être renseignée comme j'ai pu l'être bien des années plus tard, grâce à l'Islam et aux justes explications du Coran, grâce aussi à des médiums et parapsychologues, je n'avais d'autre choix à ce moment-là que de me résoudre à les avaler. Je perdis malgré tout pas mal de poids et je pus à nouveau me trouver jolie dans le miroir. L'éléphant difforme et obèse était redevenu une gazelle presque élégante. Voilà que je retrouvais mon apparence.

Chapitre 11
Maxilou

– Hauterive, canton de Fribourg, 2003 –

Il faut que je vous parle aussi de Maxilou. Ce chien extraordinaire entra dans ma vie par le biais d'une petite annonce en l'an 2000. En effet, ce devait véritablement être mon ange protecteur ! Grâce à ce brave animal, j'avais une protection rapprochée, même dans mes expériences paranormales. Cet animal avait le don de repousser toutes énergies négatives !

Je l'appelais Maxilou – une amie m'ayant proposé d'appeler mon chien Max, j'y ajoutais quelques lettres pour rendre son nom plus drôle.

Dès son plus jeune âge, il avait été un chien spécial. Il était complètement et uniquement là pour moi, bien plus que je ne l'avais même souhaité. À cette époque-là, j'avais donc en poche mon diplôme de secrétaire, directement engagée comme assistante de direction dans un superbe musée. J'habitais tout près, je m'y rendais à pied par des marches interminables, me semblait-il, à l'époque, car j'étais encore trop « médicamentée » pour reprendre ce terme tant utilisé et j'avais beaucoup de peine à faire des efforts physiques. C'était justement parfois là que mon chien Maxilou intervenait pour m'encourager à marcher, à me déplacer partout, à affronter cette vie en découvrant les rues, les cafés, les artistes, les personnes originales, et les endroits sympas. Il me frayait un chemin que seule je n'aurais pas pris forcément, bloquée par les regards des gens ou encore les blocages dans lesquels j'avais été formatée. Il me donnait du courage à finalement me faire confiance.

Et que de belles balades, le contact si souvent privilégié que l'on a avec la nature, là où jamais on irait vraiment seule, par excuse de manque de temps nécessaire pour poser le regard sur l'univers.

Un animal vous pousse à vous connecter et à ressentir les forces de la nature, et alors quelle force elle vous donne à ces moments-là !

Le vent, la pluie, les odeurs, tout ce qui pour un chien est totalement vital et normal, et que les humains oublient de percevoir dans un monde si industrialisé et formaté. Pourtant, certaines grandes villes se remettent au vert pour le plus grand confort de ses habitants, comme New York !

Pour un chien, le temps n'est pas de l'argent. Maxilou était si sensible qu'il était un vrai psychologue, ayant fait pleurer des dames rien qu'en les regardant… Il savait tellement émouvoir et comprendre les gens, avec ses grands yeux jaune-brun lumineux très tendres, impossible de l'oublier.

Chapitre 12
Les claques de la vie professionnelle

Bien sûr, à côté de davantage de facilité à cette période-là à me mouvoir dans toute la ville grâce à mon chien, il fallait aussi à tout prix que je vois à nouveau, à ce moment de ma vie, ma capacité à plaire, car longtemps je ne me laissais ni approcher ni ne regardais ou me laissais regarder par un homme, tellement j'avais honte de mon corps à cause de mon poids et à cause surtout de la terrible agression que j'avais subie.

Comme j'avais manqué beaucoup de chapitres de ma vie entre vingt-deux et trente-deux ans, où j'avais vécu constamment sous médicaments psychotropes et/ou neuroleptiques, ayant la malchance de me retrouver au chômage, le musée où je travaillais ayant fait subitement faillite, sans plus suffisamment d'assurance qui me permettait aussi de vivre, c'est-à-dire l'assurance-invalidité, ne trouvant de plus pas de nouveau travail stable, je sombrais peu à peu sans m'en rendre compte ; d'abord en sortant le week-end, puis une fois au chômage, en sortant tous les soirs. Peut-être était-ce aussi pour exorciser cette terrible nuit de veille de Noël au commissariat de police que j'avais vécue quelques années auparavant ?

Je fis bien sûr de mauvaises rencontres à cette époque, par manque d'habitude à reconnaître ce qui était bon pour moi, dans un monde assez nocturne et souterrain.

Et dans ma tête, je commençais à nouveau à tout mélanger. Je tombais bien sûr très amoureuse d'un homme, et désespérée qu'il m'ait quittée et qu'il ne m'ait pas comprise, j'appelais à l'aide de toutes mes forces… ! Mais qui pouvait bien me comprendre… j'étais à côté de la plaque, tellement je me sentais seule et rejetée. Et bizarrement une chose étrange arriva : je ne saurais jamais qui est venu, mais j'eus en fait de la visite. Un soir, alors que j'attendais cet homme vainement dans le salon sur le canapé, des petits toc-toc toc se firent entendre à la porte vitrée du salon et je crus que c'était lui. Mais c'était bizarre, car je ne voyais personne à travers les vitres, il faisait nuit aussi. Je me dis que c'était un gag et j'appelais J. pour lui dire d'arrêter d'envoyer des amis à lui pour me faire peur. D'ailleurs mon chien Maxilou n'aimait pas ces toc-toc-tocs répétitifs et incessants contre les portes-fenêtres. Mais ce n'était pas J., ni un de ses amis.

Cela dura trois semaines. C'était agaçant et un peu angoissant. Même le chien n'en pouvait plus. Puis cela se rapprocha : la nuit, toujours vers la même heure, j'entendais des frappements rapides sur la porte-fenêtre de la chambre cette fois, juste à côté de la tête du lit.

Je compris à ce moment-là que ces frappements m'expliquaient qu'on voulait m'aider et que les « personnes » en question n'allaient pas revenir. Il est parfois possible que des esprits soient très persuasifs pour faire croire à quelqu'un à des choses incroyables… Pourtant, le chien avait aboyé durant trois semaines et il avait bien entendu les mêmes frappements que moi. La porte de la vie professionnelle m'avait claquée dans la figure et là, on venait frapper à la porte de ma vie…

Mais qui avait bien pu vouloir m'aider ?

En me réveillant après cette nuit-là, je pense ne pas du tout avoir rêvé. Tôt le matin, la psychiatre qui me suivait m'appela pour vérifier si j'avais bien pris mes médicaments, et les ayant de plus pourtant bien pris, cela n'a pas évité ce qui a pu se passer, quoi qu'il se soit passé cette nuit du 13 au 14 avril 2004 ; elle fit carrément envoyer la police pour m'emmener à l'hôpital sans que j'eusse même pu donner ma version des faits à celle-ci, qui n'aurait de toute façon rien compris de cette étrange mésaventure. Ma sœur et ma mère, choquées par ma version des faits, avaient en fait contacté la psychiatre… et ce cher hôpital que je connaissais si bien m'attendait évidemment…

Il y avait juste un hic… entre la nuit du 13 au 14 avril et la mi-juin avec l'appel à la doctoresse et la venue de la police cette année-là, cela faisait deux mois : deux mois d'absence !

Chapitre 13
Le chef infirmier H. et le Dr P.

Il s'était passé différentes choses chez moi et autour de la maison, et je n'étais pas la seule à avoir remarqué des phénomènes hors norme. J'avais invité ma sœur et ma mère à venir discuter de tout ça, avant même ce fameux 13 avril, mais elles ne comprenaient pas et elles étaient même parties très fâchées, ma sœur ayant elle-même fortement claqué la porte de l'appartement où je vivais. Pour elles, les posters qui s'engluaient tout seuls, les frappements aux portes-fenêtres, les chaises qui bougeaient toutes seules ou encore les lumières qui s'allumaient sans qu'on y touche étaient pour elles de la sorcellerie ou quelque chose d'apparenté à ça. Elles me cataloguèrent à cette époque-là comme sorcière, comme folle ou même comme menteuse, ce qui était bien pire... Comme une personne malheureusement très indésirable pour elles en tout cas.

Je m'étais dit tout d'abord que je n'allais pas subir une médication à outrance grâce à la psychiatre qui me défendrait peut-être. Mon œil... je m'étais fait de nouveau complètement avoir... Après le passage du Juge de paix à l'hôpital, deux semaines après mon arrivée en douceur, celui-ci décida que je devais rester un peu, avec l'accord de ma mère et de ma sœur ; c'était vraiment incroyable qu'elles aient autant de pouvoir à chaque fois sur moi et sur ma vie !

Décidément, ma famille n'envisageait même pas éventuellement d'analyser ce qui avait bien pu m'arriver, on ne pouvait même pas en discuter calmement. Ma sœur et ma mère ne m'offraient pas leur aide, elles refusaient simplement d'écouter ce que j'avais à leur dire.

Je fus à nouveau bourrée de médicaments, en particulier par un infirmier, H., qui faisait de petites expériences sur les patients cobayes et aussi sur lui-même, aidé du Dr P., et il aimait forcer les patients à regarder des émissions médicales à la télévision. Un véritable malade… Un soir, il m'avait pris à part pour regarder une émission à la télévision et il était allé chercher une double (ou même triple) dose de médicament, soi-disant parce que je ne les avais pas pris ou parce qu'il fallait que j'en prenne plus pour une raison x, y ou z…

Ce soir-là, je fis une réaction à cette overdose de médicaments, car c'était évidemment une dose énorme et personne ne comprenait que c'était une erreur que je sois là ou même pire, que j'étais le parfait patient cobaye sur lequel il était facile et possible de faire des « expériences médicales ». Je croyais que mon dernier jour était arrivé… Je zigzaguais dans l'immense corridor et dans mon état, j'étais tellement droguée que ce corridor qui faisait bien quatre mètres n'était pas assez large pour mes nocturnes déambulations alors que je passais du mur de droite au mur de gauche en cherchant les toilettes. J'avais des flashs de lumières devant les yeux qui m'empêchaient de voir un minimum et mes jambes étaient d'une lourdeur extrême… Les toilettes semblaient à des kilomètres et j'avais si mal à la vessie. Ç'a été vraiment un des pires moments de ma vie.

Tout s'était mélangé dans ma tête et je n'arrivais plus à distinguer le vrai du faux, du réel de l'irréel. Mais je décidais pourtant de me défendre cette fois ! Ils n'allaient plus me faire avaler à nouveau n'importe quoi. Ça ne résolvait rien du tout à toutes les questions que je me posais. J'usais de ruses et de stratagèmes pour faire semblant de prendre sagement les médicaments administrés par la force. Je savais que de cette manière-là, je les tenais sur leur propre terrain, car j'avais bien compris comment fonctionnait un hôpital de ce style et j'allais un jour prendre ma revanche !

Après l'épisode vécu des zigzags déambulatoires dans l'immense corridor, ils ne parvinrent plus à me faire avaler quoi que ce soit comme médicament. Je me cachais pour les recracher ou les mettre dans mes poches de pantalons, ce qui fonctionna très bien. Je les bernais tous, et j'en éprouvais un certain plaisir tellement moi-même j'avais été bernée par ce sordide hôpital. Ce conseil de J. me sauva en quelque sorte et je lui en fus sur le moment malgré tout reconnaissante, car il savait que je n'étais pas malade au sens où tout le corps médical de cet hôpital l'entendait. Je ne savais pas vraiment si je pouvais lui faire entièrement confiance, mais j'étais contente d'avoir tout de même une sorte d'allié dans toute cette pagaille d'hospitalisations forcées. J. vint me voir souvent et puis il se fit attraper par la police, car il était en fait sans documents en ordre d'identité officielle enregistrée. Moi à l'hôpital et lui en prison, ce n'était pas vraiment le rêve ! Mais ses appels au téléphone me donnèrent quelque part le courage nécessaire pour me sortir de cette très mauvaise passe. Je vis en particulier les méthodes de ce chef infirmier H., celui précisément qui m'avait donné une surdose de médicaments. Cela me scandalisa quand je compris tous les agissements de ce type dans cet hôpital. J'avais l'esprit très clair et je décidais d'en parler à un médecin sérieux qui m'écouta attentivement, même si je savais que j'allais peut-être en subir les conséquences. Pourtant, je n'avais pas peur. C'est toujours comme ça quand on ose dénoncer certaines choses. Le chef infirmier H. se fit transférer dans un autre secteur de l'hôpital, et bizarrement, ce fut le secteur où je fus transférée moi aussi. Quelle coïncidence, je n'y crois toujours pas !

Quoi qu'il en soit, à ce moment, je décidais presque de m'échapper et de courir le plus loin possible de l'hôpital, car ce chef infirmier-psychopathe voulait ma peau après que j'ai dénoncé toutes ces mauvaises actions. Je n'avais jamais eu des sentiments de dégoût, mais là je n'en pouvais plus. Il avait tellement une attitude qui rabaissait certains patients que c'en était à vomir. Il les humiliait autant qu'il pouvait pour se donner l'air d'un docteur. C'était très dur à voir et à supporter, j'eus des envies rageuses de l'insulter, j'éprouvais aussi des sentiments de colères profondes pour cet homme, sentiments que je n'avais jamais ressentis auparavant.

Il m'avait vraiment à l'œil, il surveillait mes moindres faits et gestes, j'étais fatiguée de jouer à ce petit jeu du chat et de la souris, car il n'attendait que le moment où il pouvait agir et me « punir » de mon soi-disant mauvais comportement. J'avais failli lui faire perdre son travail, ce qui faisait qu'il ne me portait pas du tout dans son cœur. Je l'empêchais de faire comme il voulait, il était furieux intérieurement, cela se sentait dans les remarques qu'il faisait aux patients.

Je rusais malicieusement avec la prise des médicaments, faisant toujours semblant de les prendre et mon système fonctionnait bien. Mais la bonne ambiance du temps qui se réchauffait et des bonnes discussions entre patients faisaient que je me détendais un peu trop et un jour, en revenant d'une petite balade avec une autre patiente, dans la ville juste à côté de l'hôpital et après une bonne bière, cet affreux infirmier dominateur m'observait très attentivement et je sentais son regard constant dans mon dos. Il s'approcha de la table où nous les patients mangions et il me donna soudain l'ordre d'aller dans la pharmacie, puis il ferma la porte à clé derrière moi dès que je fus à l'intérieur avec lui.

Qu'est-ce que j'avais été stupide de le suivre ! J'avais eu peur de lui et il l'avait compris. Rien ne m'avait obligé à entrer dans la pharmacie avec lui, mais peut-être avais-je quelque chose à régler avec cet infirmier véreux. Après une escalade de menaces envers moi qui dura pratiquement une demi-heure, et voyant que j'étais bien trop sûre de moi, et que malgré ses menaces de mort, je n'avais pas peur de mourir, qu'en fait il ne pouvait pas m'atteindre, il me força à avaler une immense dose de médicament qu'il avait mise en poudre dans un bol en continuant de me sermonner très bizarrement. Je dus l'avaler en une fois, ce qui faillit m'étouffer, sinon il me l'injectait de toute façon, donc je n'avais pas le choix et je « préférais » cette solution, bien que je susse que je risquais d'y perdre la vie. Je le fis de rage en sachant pertinemment que ma vie était dans les mains du destin, d'Allah ou encore de Dieu. L'effet se fit sentir très vite, mais heureusement ensuite qu'une infirmière prit sa clé pour ouvrir la porte de la pharmacie et voir ce qui pouvait bien se passer. Je pus encore le lui expliquer et puis je commençais à délirer, à mélanger passé, présent et avenir. Je ne savais même plus à quelle époque j'étais. Pendant la nuit, deux infirmières formidables me surveillèrent et elles eurent très peur, plus que moi, que je passe de l'autre côté. Mon cœur s'arrêta presque tellement le pouls était bas, à raison d'une pulsation toutes les dix secondes. Mais le lendemain, par chance et à la grâce de Dieu, je me réveillais vers dix-huit heures. Je dois dire que j'étais contente d'être encore là, car je savais que j'avais en quelque sorte « gagné ». À ce moment-là, le Dr P. et l'infirmier H. étaient près de mon lit et discutaient. Ils croyaient que je ne les entendais pas, pensant que j'étais encore dans mon sommeil comateux. Je les entendis distinctement dire que c'était dommage que l'infirmier ne m'ait pas donné plus de médicaments, car il aurait été préférable que je quitte ce monde, et ils avaient raté leur coup ! Cela me fit très peur et je m'efforçais de paraître encore en train de dormir.

Ils avaient voulu m'éliminer – je devais vraiment déranger… mais alors, les principaux acteurs de cette atroce farce savaient très bien que je n'étais pas malade. Là, j'eus une immense prise de conscience !

J'étais bien médium et tout mon vécu n'était pas du tout le fruit de mon imagination – je voyais bien au-delà du temps et de la lumière matérielle.

Le reste des médecins étaient tellement persuadés que ma santé s'était améliorée grâce à leurs médicaments, et ils n'avaient soi-disant pas vu que je n'avais rien pris dès le début. Ils étaient en fait profondément vexés, mais surtout étonnés, déroutés et déstabilisés.

C'était bien fait pour eux, ils devaient se remettre en question et ils avaient de par leur incompétence mis en danger la vie d'une patiente à cause de leur grand manque d'écoute. Je les avais eus sur leur propre terrain. Mais jusqu'où avais-je dû aller quand même !... Mon but, je l'avais atteint grâce à ma volonté et à mon entêtement, et surtout grâce à mon cœur. Personne au monde ne pouvait d'ailleurs m'enlever cela.

J. avait aussi été là pour me soutenir dans ma lutte contre cette institution carcan, même si je compris ensuite qu'il avait toujours eu des intentions extrêmement peu recommandables, ce même établissement où ma mère m'amenait toujours sans même me donner une petite chance d'explication. Après cette mésaventure, ma sœur vint me chercher et je rentrais chez moi le lendemain. J'apprenais plus tard que l'idiot d'infirmier apprenti sorcier qui avait failli me tuer à coups de médicaments s'était fait renvoyer peu de temps après. Au moins, il ne pouvait plus nuire à personne, car à travers cela, il avait compris qu'il avait fait du mal à énormément de patients, et que sa folie des médicaments avait failli coûter la vie à quelqu'un et que ses méthodes lui avaient finalement fait perdre son travail. Mais j'avais pu le voir regretter ses actes et graves erreurs et j'étais contente d'avoir réussi à lui ouvrir tout de même un peu les yeux, grâce à ma force et à ma volonté de faire le bien autour de moi. Mais alors, le Dr P. était toujours là, sur ces positions de « médecin », c'est bien sûr lui qui avait donné cet ordre à l'infirmier H. Ce « docteur » n'avait pas eu le moindre regret d'avoir essayé d'assassiner une patiente… Avait-il agi de son propre chef ou bien encore en suivant les ordres de quelqu'un d'autre ? Quoi qu'il en soit, tout cela avait été fait très consciemment apparemment. Il travaille d'ailleurs toujours dans cet hôpital…

Chapitre 14
D'autres claques à la sortie de l'hôpital

Plus tard, je partis me reposer pendant un mois dans la famille de cet homme, J., puis je trouvais en rentrant en Suisse du travail très bien rémunéré. Cette stabilité n'était que passagère, car il s'avérait que l'entreprise qui m'avait engagée était extrêmement malhonnête : blanchiment d'argent sale, administration de cabarets glauques, engagements de prostituées qui passaient au bureau et j'en passe… Je me sentais de plus en plus mal à l'aise avec l'univers caché de cette entreprise. L'ancienne secrétaire, D., que j'avais remplacée au secrétariat, avait été licenciée brutalement alors qu'elle était enceinte et après trois ans de présence dans l'entreprise. Je commençais à vraiment fortement douter du sérieux de cette fiduciaire. Mais que pouvais-je faire ? Pendant une fin d'après-midi, alors que j'étais seule au bureau, j'entendis quelqu'un prononcer mon prénom dans l'entrée de l'entreprise, là où se trouvait la photocopieuse. Je faisais à ce moment-là quelques recherches sur internet à propos de la cousine de la grand-mère Louise, qui avait le nom de scène Polaire, la célèbre artiste parisienne de cabaret-théâtre du début du 20e siècle, et je compris au fond de moi que c'était elle qui venait de me parler.

La manière dont elle avait prononcé mon prénom me fit prendre conscience que je devais à tout prix quitter cette entreprise corrompue. C'était vraiment un avertissement sérieux dit avec beaucoup de douceur d'ailleurs. Le lendemain, tous les appareils électriques et électroniques furent endommagés et il y eut une panne générale des ordinateurs, qui ne cessaient de répéter le même mot, dont je ne me souviens pas, défilant inlassablement sur tous les écrans.

Les patrons eurent une réelle frousse !

J'étais tellement excitée et en même temps surprise de l'avoir entendue, qu'elle soit venue m'aider et que tout cela se soit passé que j'en parlais à ma mère. Erreur, erreur et encore erreur ! Les patrons de cette fiduciaire corrompue me renvoyèrent, m'accusant maladroitement, oubliant même que j'avais formé la femme de ménage pour le secrétariat. Mais c'était mieux ainsi, car un des patrons, quelqu'un de très perturbé, me tournait beaucoup trop autour. Il me faisait venir sans arrêt dans son bureau et lorsqu'il se chargea de me licencier, il me dit : « Je vous licencie, car comme vous le savez, je vous aime un petit peu trop… » En gros, ou je couchais avec lui, ou je perdais mon job. Alors là, je fus hors de moi ! Je mis en boule de papier sa lettre de licenciement que j'aurais dû signer gentiment et je lui jetais à la figure. Qu'il aille se faire voir, lui et ses cabarets de prostituées ! Je rendis les clefs nerveusement sur la table du secrétariat, car je savais qu'il allait réagir à mon geste. Il arriva, voulant essayer de m'empêcher de passer. Heureusement que la nouvelle secrétaire formée par mes soins arriva pour voir ce qui se passait et il dut me laisser passer. Je partis en claquant très fort la porte d'entrée.

J'allais ensuite à Espace-Femmes pour expliquer ce qui venait de se passer, mais sans véritable preuve, il ne fut pas possible de faire grand-chose. Mon ancienne collègue secrétaire y était allée elle aussi avant moi et elle avait eu heureusement gain de cause.

J'étais aussi très embêtée, car en fait J. comptait sur moi pour revenir en Suisse et mon travail était pour lui une garantie, sans travail tout était bloqué question papiers. Je décidais donc de partir provisoirement de la Suisse pour réfléchir et passer du temps avec sa famille. Le problème, c'est que J. avait eu des aventures avec d'autres femmes pendant ce temps, ce que j'appris là-bas sur place et je décidais, juste avant qu'il prépare les célébrations arrangées du mariage organisé, de rompre avec lui et de le quitter. J'étais dégoûtée de lui avoir fait tant confiance et j'avais commencé à percevoir toute l'ampleur de la manipulation.

Chapitre 15
Le voyage à moto en Albanie

Je retournais quand même une fois encore dans la famille de cet homme, et ce fut pour sauver un amour de petit enfant, que cette famille albanaise vivant en Macédoine maltraitait. Cet enfant et moi étions liés, car il semblait totalement connaître et comprendre d'où provenaient ces frappements répétés à la fenêtre de l'appartement où j'avais habité quelques mois auparavant. L'explication d'un bambin, c'était tout à fait spécial et déjà pas si mal. Au moins, il existait un être au monde à part mon brave chien Maxilou qui semblait vraiment avoir compris ce qui s'était passé durant la nuit du 13 avril 2004 et qui, en plus, était un tout jeune enfant ! C'est vraiment comme s'il avait voulu m'expliquer quelque chose de drôle et qu'il n'était pas du tout nécessaire d'avoir peur.

Une fois que j'avais mis un peu les choses en place pour ce petit afin qu'une personne de confiance s'occupe de lui au mieux, car il subissait des violences répétées, je quittais cet abominable traître J. pour toujours. Avec ma moto, je passais beaucoup de temps dans un pays proche, l'Albanie, où je vis des choses très choquantes, comme des enfants tziganes handicapés, dont les parents n'avaient pas d'autre choix pour vivre que de vendre les jambes ou les bras de leurs enfants, pour les hôpitaux européens… L'horreur de la corruption médicale dans toute son atrocité. Un enfant tzigane me regarda un jour dans les yeux et jusqu'à aujourd'hui je ne peux oublier son regard… Il a voulu en plus de cela me protéger, car la mafia locale avait bien vu que j'avais compris ce qui se tramait dans cette région. Je filais, bien décidée d'en parler une fois rentrée en Suisse. Cela fit des échos auprès de bonnes personnes influentes et quelques années plus tard, des organismes internationaux de défense des droits de l'homme finirent par arrêter le chef des gangs mafieux organisant ces monstruosités. Mais actuellement malheureusement, les prélèvements d'organes et de membres humains viennent principalement de l'Inde d'après ce que je sais.

Horrible réalité imbuvable, la même problématique s'étant déplacée dans une autre région du monde pour des raisons que j'ignore…

En Albanie, je m'étais fait des ami(e)s, les connaissances d'un pasteur très ouvert, à qui j'avais pu expliquer différentes choses à propos de mon vécu et de mes expériences. Ils avaient même organisé pour moi une soirée-pizza dans un restaurant, avec un orchestre qui avait chanté « Mamy blue » pour me réconforter. C'était vraiment adorable de leur part. Le petit enfant, qui avait ressenti les mêmes choses que moi, me manquait beaucoup évidemment.

J'avais aussi rencontré une dame d'un certain âge, médium et voyante elle aussi, qui me lit un jour mon avenir proche dans le marc de café ; j'allais retrouver l'être cher d'après elle ! Je ne compris pas pourquoi elle m'avait dit « retrouver », car je savais bien qu'il n'avait visiblement pas été dans ma vie jusque-là… Nous passions des après-midis entiers, elle et moi, à discuter en italien, et c'était très agréable.

Quand je revins en Suisse, sans moto et sans argent, retour forcé organisé par ma mère et son ami, ceux-ci m'attendaient bien sûr pour me « gronder » comme une petite fille et puis pour aller voir un psychiatre évidemment, et l'on m'hospitalisa encore une fois de force bien sûr, comme à l'habitude, car pour eux je faisais soi-disant n'importe quoi. Je venais pourtant d'accomplir une des plus belles choses de ma vie : protéger et mettre en sécurité un petit enfant extraordinaire.

C'en était vraiment trop, cet hôpital me sortait par les narines et par tous les pores de ma peau, je ne respirais plus une fois enfermée, de plus avec des problèmes familiaux qui ne faisaient que revenir une fois sortie. Où tout cela allait-il me mener ? Je n'en avais aucune idée à ce moment-là de ma vie, pourtant tout allait devenir un peu plus clair grâce à certaines personnes et surtout grâce à Dieu.

Moto Kawasaki Z 1000 cm3

– Basse-Ville de Fribourg, Suisse, 2004 –

Chapitre 16
Le Xe retour à l'hôpital

Ces allers et venues à l'hôpital devenaient très lassantes, car ma mère en particulier refusait encore et toujours de m'écouter et de comprendre un petit peu mes véritables difficultés. Pour elle, ce n'était tout simplement pas convenable ; elle ne comprenait pas qu'il n'y avait rien de mon côté de malveillant pour que ces choses arrivent – comme des esprits peu agréables, des personnes violentes, ou des harcèlements divers. Les forces négatives sont bien souvent très puissantes quand elle croise une force très positive, elles l'empêchent parfois d'avancer, mais cela ne dure pas.

Voilà l'explication grossière qu'on peut donner à cet ensemble de choses. Et la solution est bien évidemment la prière, le chemin vers Allah et Dieu qui apporte la paix avec le blocage des mauvaises énergies perturbatrices. Mon vieil ami, A., allait se mettre sur ma route pour m'aider.

Mais pour l'instant, j'étais à l'hôpital, l'hôtel particulier des âmes en détresse… J'y restais quelques mois, comme d'habitude, bourrée de médicaments et bien sage, mais ça ne résolvait rien, car même à l'hôpital, les choses étaient étranges parfois, avec des infirmiers ou infirmières hystériques, parfois aussi étranges et bien sûr des malades déprimés à mort. J'étais épuisée psychologiquement avec toutes ces privations de liberté, surtout qu'elles n'étaient pas logiques, car je n'étais ni malade, ni ne souhaitais me faire du mal, ni même faire du mal à autrui. J'étais dans un monde incompréhensible pour ma famille et ils n'envisageaient pas la moindre chance à ce que je dise mes vérités. C'était inconcevable pour moi d'être ainsi cataloguée, et totalement injuste de leur part, persistant à se débarrasser en quelque sorte de moi. À ma sortie, ma mère me trouva tout de même un bel appartement avec une vue sur toute la ville. J'étais heureuse, car je me disais intérieurement que j'avais enfin un peu ma liberté d'action. Ma mère a pu toujours beaucoup entraver ma liberté d'action, sans le faire exprès évidemment, comme elle le fait d'ailleurs encore parfois pour mon frère. J'allais, à partir de là, me libérer tout doucement de cette sorte de captivité surprotectrice.

Chapitre 17
Une étrange liberté

À cette période-là, je rencontrais quelqu'un qui me força presque à partir vivre avec lui dans son pays, pour obtenir mes papiers. Encore un fou furieux… j'avais réellement la poisse ! C'est là que je me rendis compte que j'avais bien mis trop de distance entre Allah, c'est-à-dire la puissance divine et moi-même. Cet homme voulut même me tuer et là j'utilisais la force divine pour l'en empêcher, et je m'en remis à Dieu en dernier recours. Bien sûr, des esprits malveillants étaient entrés dans sa tête et dans son corps, car cet homme avait fait des choses graves dans sa vie. Je ne pouvais accepter cela, une personne m'accompagnant dans ma vie et n'ayant aucun lien avec le Tout Puissant Créateur de ce Monde… impossible pour moi. Il m'aida en quelque sorte dans le sens où cela me fit réaliser que c'était une qualité qui ne devait pas faire défaut à l'homme de ma vie. Des ami(e)s étaient aussi assez remontés contre cette sorte de profiteur et ils et elles espéraient de tout cœur que je puisse me sortir de cette relation malsaine.

Les esprits négatifs s'étaient d'ailleurs échauffés avec lui et entre lui et moi-même : un grand bruit retentissant, comme si les quatre tours à CD étaient tombées, une tasse de thé bouillante se vidant sous nos yeux pratiquement, le décapsuleur à bouteille posé bien en évidence sur le plan de travail de la cuisine, une marque de quelqu'un s'étant assis sur le fauteuil en ayant soigneusement déplacé le coussin, une bouteille tombée pendant la nuit, spontanément, alors qu'elle était là depuis des mois, avec des fleurs séchées. On aurait dit que quelqu'un espionnait et était là à surveiller et à essayer de déstabiliser l'atmosphère. Totalement étrange. Tout cela me laissait pensive et je repoussais cet homme, qui devenait très impatient. Un jour, où je le repoussais fermement, il m'attrapa pour tenter de m'étrangler. Il n'était bien sûr pas assez pur intérieurement avec ses sentiments pour moi. Plus tard, j'appris qu'il était déjà marié à l'époque où je l'avais connu… quel mufle !

La police intervint et m'entendit, puis ma mère m'envoya à l'hôpital. Cette réaction que je connaissais bien me désola et me révolta en même temps. Mais je mis à profit cette période pour recharger ma batterie intérieure et la terrible médication fut changée. Ce fut cette fois-ci un traitement par injection. Ces toubibs étaient réellement peu curieux et ils écoutaient ma mère et ma sœur qui croyaient encore et toujours que je provoquais et que je cherchais des histoires abracadabrantes, soi-disant afin que l'on fasse attention à moi. J'avais vraiment autre chose à faire que de mettre ainsi un objectif grossissant sur ma vie.

Et loin de moi aussi l'idée que de me faire remarquer franchement, je n'avais pas de temps à perdre !

Je rentrai donc chez moi avec une grande dose de médicament neuroleptique injectée, à renouveler toutes les deux semaines. C'était absolument cauchemardesque… J'avais retrouvé une certaine liberté, mais dans des conditions de vie horribles, accompagnées de sentiments d'angoisses indescriptibles qui me dominaient toute la journée ; la nuit, une fois endormie, j'étais heureuse de les oublier un peu. Ce fut peut-être les pires moments de ma vie et je supportais cela cinq semaines environ. Puis mon médecin, le Dr D., psychiatre que j'avais au moins enfin pu choisir moi-même cette fois, remarqua rapidement que cela ne servait qu'à me faire souffrir davantage, et revint sur une médication orale.

Peu de temps après, il vit bien que ces médicaments n'étaient pas du tout adaptés à mon cas et il me proposa de prendre le strict nécessaire au cas où j'aurais un grand stress (travail, famille, factures, etc.). D'ailleurs, à peine déjà lors de la deuxième séance, je me rappelle bien ce qu'il me dit : « Vous êtes une voyante et le travail avec moi sera de vous accepter comme vous êtes ». Il l'avait deviné, je ne lui avais même rien dit. Ou bien il l'avait saisi à la lecture de mon dossier tout à fait étrange. Quoi qu'il en soit, il allait m'aider et cela me stressa un peu, je ne sais vraiment pourquoi, car il n'a eu finalement que de bonnes intentions avec moi.

Chapitre 18
La sortie du tunnel

J'allais donc consulter chez ce médecin qui apparemment souhaitait sincèrement m'aider et me soutenir vis-à-vis de ma famille.

Je commençais aussi à me refaire de bon(ne)s ami(e)s et à avoir à nouveau un semblant de vie sociale grâce à toutes sortes d'activités bénévoles. Je n'avais pas le droit de travailler, étant à l'assurance-invalidité, donc je rendais service dans différentes associations grâce à une plate-forme de bénévolat. J'avais bien sûr depuis toutes ces années une curatelle de gestion, instaurée en 2004, car soi-disant, je n'étais pas capable de gérer ma vie de manière autonome. C'était très humiliant quelque part pour moi, mais je n'avais encore une fois pas le choix que de coopérer et d'accepter cette sorte de joug.

Le médecin m'aidait pourtant en me disant d'essayer de retrouver du travail et de prouver à ma famille que le fait d'être une voyante n'était pas incompatible avec le fait de réussir professionnellement, que ce n'était justement pas un handicap, mais une chose à apprendre à gérer. Il a vraiment fait tout son possible pour m'aider et m'encourager. Mais des personnes psychorigides de cette région et de cette ville n'en démordraient pas avec l'aide bien sûr de ma mère influençable. C'était sa parole contre la mienne, et c'est elle que les instances écoutaient. Moi-même, j'étais simplement la malade mentale qui pouvait même être dangereuse. C'est étrange en fait d'être accusée de choses qu'on n'ait jamais faites et qui ne se sont jamais produites, je n'ai jamais vu cela ! Cela pouvait instiller le poison de la peur partout où je passais. Une personne sous curatelle est synonyme d'une personne dangereuse psychologiquement et incapable de mener sa vie normalement. On s'en éloigne, c'est logique. Cela aurait presque des similitudes avec l'étoile juive, un peu comme le brassard utilisé à l'époque du nazisme…

Enfin, je frappais tout de même l'asphalte de cette ville si pittoresque, sans tenir compte de jugements à l'emporte-pièce, afin de trouver un moyen d'être tout de même active socialement et aussi bien sûr matériellement. Un ami prêtre en fit les frais à cette époque, car je pus le harceler avec mes anciennes histoires et le pauvre avait été assez malmené sans que je m'en rende véritablement compte. Pourtant, c'est quelqu'un que j'apprécie bien et qui m'apprécie lui-même toujours jusqu'à aujourd'hui, ayant un peu les mêmes problèmes dans sa famille avec entre autres un père assez autoritaire.

Chapitre 19
Du travail à ma hauteur

À force de courage et de volonté, je finis par trouver du travail assez motivant dans un syndicat d'initiative. Défendre les droits dans le monde du travail, je trouvais cela très noble de pouvoir m'engager et je le pense toujours bien sûr. Il y a tellement à faire dans ce domaine et ce côté de défense des droits me seyait à merveille, moi qui m'étais battue déjà pour certaines causes et pour mes libertés individuelles, pas encore tout à fait gagnées à ce moment de ma vie d'ailleurs.

J'avais aussi peu de temps auparavant trouvé du travail satisfaisant dans le facility management, avec une équipe de collègues hyper sympas avec qui je riais beaucoup. J'avais à ce moment-là pris un peu de distance avec ma famille et cela me réussissait très bien.

Sur les conseils du médecin qui me suivait toujours, j'avais été aussi à des groupes de discussion sur la maladie mentale, pour m'informer et pouvoir m'exprimer en toute confiance. Je savais bien que je n'étais pas si malade, mais je me disais que je pouvais toujours comprendre d'autres personnes en souffrance et les aider au travers de mes difficultés à être moi aussi acceptée telle que je suis, les malades mentaux étant eux aussi vraiment bannis de notre société.

Bien souvent, certaines personnes étaient très mal dans leur peau et elles n'arrivaient même pas à s'exprimer. Alors j'essayais de les motiver et de les pousser à parler d'elles-mêmes dans la joie et la bonne humeur en m'exprimant moi-même avec énergie et spontanéité. Je faisais attention de ne jamais prendre le dessus sur l'animatrice ou l'animateur des groupes. Et tout le monde m'appréciait, mais je ressentais des blocages dans les deux sens de la part de cette association, aussi bien des animatrices et des animateurs que des personnes venant aux groupes, car quelque part, tout le monde se demandait bien ce que je pouvais bien faire là (je n'avais pas l'air très malade).

C'était bien assez juste, car je n'exprimais pas n'importe quoi de totalement incohérent, en fait pour établir et soulever de vraies problématiques qui allaient pouvoir changer un peu les a priori et soulager les gens en leur permettant de se sentir à l'aise dans la rue, tels qu'ils sont.

Dans notre société, le problème est qu'il faut absolument être beau, mince, sportif, bien habillé, avoir de l'argent et crier plus fort que l'autre. On n'a malheureusement à mon avis pas dépassé le stade des hommes de Neandertal où on prouve sa force en écrasant son prochain. Le Christ, Mahomet, Gandhi ou Moïse ont bien encore de la peine à se faire comprendre, on dirait. Quelle tristesse cela engendre tout de même cette façon de vouloir dominer l'autre et de le manipuler pour arriver à ses propres fins ! Les plus sensibles et les plus doux en souffrent tellement ! Espérons qu'un jour le monde évolue vraiment dans le sens du respect et de l'amour de son prochain en nous acceptant les uns et les autres tels que nous sommes avec toute l'ouverture d'esprit nécessaire, car que ce soit éléphant-man ou Arnold Schwarzenegger, nous sommes tous des humains vivants sur cette planète si vivante et si belle. Dans une émission, un intervenant dans un débat télévisé a dit un jour que tant que les êtres humains négligent et ne respectent pas la nature et ses animaux, ils ne pourront jamais respecter l'être humain lui-même. Je suis entièrement d'accord, car c'est après tout la vie qu'on doit respecter dans tous les sens qu'elle propose.

Finalement, j'étais un peu arrivée à certains de mes buts et j'étais fière de moi de sortir la tête hors de cette eau nauséabonde de l'inexistence sociale. J'ai ensuite changé de travail et évolué dans mes compétences de secrétaire, sans retrouver très facilement toutefois toutes les responsabilités de mon tout premier emploi en tant que secrétaire de direction dans ce fameux musée qui « tomba en faillite », au niveau aussi de mes études de commerce, de maturité et d'arts.

Chapitre 20
L'appel du désert

J'étais exaspérée de cette pression familiale constante, qui n'était en plus de cela présente que pour m'ôter ma liberté et m'empêcher de vivre ma vie. D'un autre côté, si ma mère n'avait pas agi, je serais restée bloquée dans certains de mes délires ou de mes idées entêtantes. Toutes les responsabilités psychologiques familiales m'étaient tombées sur les épaules et je n'en pouvais vraiment plus. Il fallait que je fasse quelque chose pour moi et aller à ma propre rencontre.

Ma destinée m'attendait et je devais partir sur le voilier de la liberté que chacun cherche et qui rend vivant, celui qui vous fait prendre place dans le monde. Comme ce rêve si explicite que j'ai fait un jour, où je monte justement sur un voilier aux grand-voiles blanches qui part dans une direction autre que celle de ma mère et ma sœur, elles-mêmes sur un autre voilier, et qui en disparaissant dans une tempête sous leurs yeux terrifiés, passe sous terre et réapparaît sur la plage d'une île calme avec son mat blanc dépassant du sable. Quelle paix ressentie dans ce rêve ! Une direction pour ma mère et ma sœur radicalement opposée de la mienne et ma direction juste vers moi-même. Une direction que mon décembre 2008, au lieu de passer des fêtes de famille de manière invisible où l'on me confondait presque avec le sapin de Noël, je partis pour le sud de l'Algérie avec la lumière dans le cœur et celle aussi qui m'attendait dans le désert.

Ces marches de plusieurs heures, sous le soleil d'hiver du désert, avec des personnes ouvertes et pleines de soif de connaissances, et surtout avec un peuple que j'attendais de rencontrer (ou retrouver ?) depuis toujours : les Touaregs ! Car je n'avais pas du tout planifié d'aller les rencontrer, c'était vraiment le fruit du hasard et je ne savais pas du tout avant de partir que ceux-ci vivaient dans le sud de l'Algérie, dans le Tassili N'Ajjer, site classé par l'UNESCO comme patrimoine mondial de l'humanité. C'étaient les peintures rupestres des grottes du désert et les couleurs chaudes si particulières de cette région qui m'avaient attirée sur un prospectus de voyage. Je n'avais même pas hésité, l'Algérie étant le pays où je rêvais de fouler le sol.

Quelle fut ma surprise une fois au camp lorsque je vis que des Touaregs eux-mêmes allaient nous emmener dans le désert ! J'étais aux anges et en même temps, beaucoup de choses se mélangeaient dans ma tête. Je savais intérieurement et inconsciemment que ce voyage serait bien plus qu'un simple voyage. Je ne me doutais pas à ce moment quand même à quel point il serait si spécial.

J'allais être immensément surprise par cette rencontre planifiée probablement dans le livre de mon destin.

Oasis

– Photo de Khaled Aouameur –

Chapitre 21
La marche labyrinthique

Le trek, prévu dans le contrat avec l'agence de voyages, se déroula de manière très sympathique dès le départ, la voix grave et sérieuse d'H., nous intégrant directement dans l'authenticité de cette vie dans le désert.

Ayant pris les jeeps sur quelques kilomètres, après une halte et aussi avoir salué nos petits ânes bicolores et courageux, nous nous lançâmes dans le début de la marche qui allait durer six jours. Nous allions parcourir à pied à peu près une centaine de kilomètres, quasi une balade de santé pour les Targuis, une véritable broutille pour eux en fait !

Après quelques heures de marche, nous étions arrivés à un sommet après avoir traversé un carnaval de rochers coupants, où se frayait un petit chemin assez large pour des sabots d'ânes. Cette première marche relativement facile, nos forces étant encore en batterie, nous amena face à une cathédrale de roches orangées, sorte de muraille naturelle érodée par les vents. Là fut notre première halte pour boire le thé vert amer sucré et se reposer un peu. Ensuite, notre guide nous emmena dans un vrai labyrinthe, dédale où il n'était pas trop recommandé de se perdre et très conseillé de suivre le guide. Il y avait eu autrefois des cours d'eau et le vent ensuite avait sculpté cette merveille de la nature. Des lauriers roses, plantes du désert par excellence, des cyprès de Duprez – ou cyprès du Tassili – certains vieux de plus de deux mille ans, des arbrisseaux fleurissants, des plantes grasses, de la vie en fait jaillissait là où l'on ne s'y attendait pas, dans le plus grand des mystères. Certaines plantes allant chercher l'eau des nappes phréatiques grâce à leurs racines pouvant atteindre plusieurs mètres, exubérante adaptation de la nature !

À notre retour du grand labyrinthe de hautes roches orange, les Touaregs nous avaient préparé des salades d'une fraîcheur surprenante et surtout ils nous avaient servi de l'eau bien fraîche, bienvenues dans cette chaleur montante. Nous avions marché ce jour-là déjà six heures, et la nuit arrivant doucement, un feu nous regroupa pour nous permettre de faire vraiment connaissance, H. menant toujours le jeu des discussions. Il avait beaucoup à nous apprendre de son peuple si original, j'avais moi aussi lancé la discussion avec un médecin français sur leurs habitudes : comment ils dormaient dans le désert, emmitouflés d'un burnous (habit en laine chaude de dromadaire), comment ils savaient où s'abriter lors d'une tempête de sable, comment trouver de la nourriture, comment soigner une blessure, comment simplement survivre dans cet univers apparemment si hostile.

Les discussions se prolongeaient de sorte que la nuit allait être vraiment longue, personne n'ayant réellement envie d'aller dormir tellement l'excitation de cette découverte de leurs vies si différentes des nôtres nous émerveillait. Mais moi-même surprise, je n'y trouvais pourtant pas quelque chose de totalement inconnu, je m'étais déjà si souvent trouvée dans la nature seule, elle qui me berçait depuis toujours. Le désert était quelque chose d'un peu différent et de très intéressant, sa grandeur nous remettant en place dès la nuit-même avec une petite, mais impressionnante tempête de sable. Chacun trouva cependant un petit abri pour se protéger du sable et du vent.

Cette nuit-là, je dormis comme un ange malgré cette tempête, avec quelques gouttes d'huile essentielle de niaouli massée sur le thorax. La tempête me berça par sa force et sa puissance, des rouleaux de vents tonnant dans l'air comme des dragons pas très sages crachant le feu de la vie.

Chapitre 22
Des peintures ancestrales et la vie dans le désert

Le lendemain, nous reprîmes le chemin pour voir les vestiges du temps et des anciens.

Tout se passait très bien avec des visites de « grottes de Lascaux » du désert, extraordinaires histoires du passé peintes aux plafonds de grottes par les premiers habitants de cette région si particulière, auparavant couverte de végétation et d'innombrables animaux sauvages. Des milliers d'années d'histoire, où les hommes étaient plutôt des chasseurs. Ce que l'on a pu observer aussi, c'étaient d'étranges anneaux entourant des personnages, comme un houla-hop ! Dessins authentiques, mais inexplicables datant bien d'une époque très lointaine.

Les Touaregs n'ont pas toutes les réponses, eux si ouverts sur le monde pourtant, même et surtout pour leur propre histoire. Beaucoup de jeunes ne savent pas lire leur propre langue, le tamasheq – ou tamazight – leur écriture d'origine… Ils n'apprennent que la langue arabe à l'école, et d'autres langues comme le français bien sûr et l'anglais par exemple. Ils connaissent même quelques mots de chinois… On pourrait penser que leur culture disparaît, mais ce n'est pas le cas, les jeunes étant très liés à la vie dans le désert et à ce si symbolique et délicieux thé vert sucré et amer à souhait pour combattre différentes maladies ou bactéries.

D'ailleurs, beaucoup d'entre eux connaissent les plantes si spéciales du désert, celles qui soignent en particulier ! Celles qu'il ne faut pas toucher aussi, car le désert peut être impitoyable, aussi bien du point de vue de la chaleur écrasante en été, mais aussi avec sa flore et sa faune résistantes à des conditions de vie extrêmes et donc parfois vénéneuse, respectivement venimeuse.

Une des choses qui m'a vraiment émerveillée, ce sont ces coléoptères, qui attendant la rosée du matin, qui se mettent en quelque sorte dans une position de prière, les « avant-bras » vers le haut, pour que la goutte d'eau de rosée puisse se former petit à petit entre leurs pattes ! Terriblement astucieux, d'une patience folle et d'une douce poésie en même temps.

À propos des animaux sauvages et des plantes dangereuses, il est préférable de les connaître un peu. Comme ces espèces d'arbres, ressemblant à des plantes en pot très grandes qu'on pourrait presque mettre dans son appartement, qu'il ne faut surtout même pas effleurer, leur suc pouvant vous rendre aveugle si vous vous frottez par hasard les yeux ensuite. Elles n'ont l'air de rien et il y en a partout à certains endroits proches de sources d'eau. Des vipères, des scorpions, des tics, des serpents très venimeux font partie aussi du décor. Il faut simplement bien ouvrir les yeux pour ne pas leur marcher dessus par exemple, et ils sont peu présents tout de même. Pourtant certains serpents se cachent sous le sable et attendent. Là, il n'y a qu'un Targui qui peut vraiment le deviner. C'est vrai qu'on ne peut en aucun cas partir comme cela en balade de santé n'importe comment dans le désert, il faut savoir à quelle heure marcher et à quelle époque de l'année (tôt le matin ou en fin d'après-midi au début du printemps ou en hiver, jamais l'été), connaître la position des étoiles pour se repérer, savoir comment faire un feu, reconnaître de possibles dangers en ne marchant surtout pas pieds nus, se déplacer calmement sans se précipiter, avoir un dromadaire pour le transport de nourriture et d'eau, le bateau du désert comme ils aiment à le dire, et avoir un très bon sens de l'observation, d'intuition et d'orientation. La boussole restant vraiment un gadget pour eux !

Peintures rupestres

– Désert de la Tadrart, 2008 –

Chapitre 23
La fête de l'Amitié en plein milieu du désert

Nous fîmes une grande boucle d'une trentaine de kilomètres vers l'Ouest, puis nous retrouvâmes une équipe d'autres Touaregs en jeep ultra modernes. Ils étaient différents de ceux avec qui nous étions jusque-là, assez impolis et provocants. La virée sur les chapeaux de roues prit une tournée délirante et folle, assez drôle finalement, un ami touriste suisse se moquant de mes cris de peurs. Et l'ambiance était tellement joviale qu'une fois arrivés au bivouac, notre guide fit préparer par sa mère un gâteau pour la soirée de Noël !

Quelle idée d'une profonde gentillesse !

Mais un touareg bizarre (il y en a aussi) cassa un peu l'ambiance pendant cette soirée spéciale, car il eut des intentions malhonnêtes vis-à-vis d'une dame faisant le trek avec nous, et vis-à-vis ensuite de moi. H., notre guide, ce jeune homme d'à peine 30 ans, le prit à part et le chassa assez efficacement si bien que celui-ci partit en trombe dans l'obscurité arrivante. Nos amis Targuis ne voulaient pas de trouble-fêtes, même si ceux-ci apportaient pas mal de beurre dans les épinards à leurs maigres revenus de guides et de porteurs.

Nous passâmes une nuit quand même vraiment mémorable devant le feu de bois préparé par leurs soins, avec des devinettes sous forme de discussions comme ils aiment à le faire, puis des chansons de chaque région pour se connaître encore mieux. Ce soir-là, je me sentis si proche d'eux et ce feu me réchauffa le cœur, car je comprenais sans peine leur vie et leurs espoirs. Je ne me sentais plus comme une touriste, mais comme faisant partie de leur vie, et eux avaient aussi le même sentiment vis-à-vis de moi. Ce n'était qu'un sentiment justement, et cela allait devenir bien plus par la suite. Au point de m'emmener là où je ne soupçonnais pas d'aller, ni eux-mêmes d'ailleurs aux confins de moi-même et sur les traces d'une mémoire comme oubliée, venue du fond de mes souhaits du passé.

C'était donc une magnifique soirée de Noël, comme dans un rêve, avec de vrais amis pour la vie et des étoiles d'espoir d'une vie meilleure devant moi ! Ils m'avaient reconnue... Je n'étais pas une simple visiteuse du désert. Je me sentais si proche d'eux, c'était comme une évidence. Les personnes étant venues faire ce trek étant peut-être parfois sur une autre galaxie lointaine, à part lors de cette soirée de Noël.

Cela m'amusait de voir comment les autres touristes se posaient des milliers de questions. Certains avaient l'air presque perdus. Je trouvais cela fantastique de mon côté de sentir cette immensité autour de nous et je prenais un tout petit peu de distance avec le groupe par moments, pour ressentir ce désert si pur et si magique, avec toutes ses vibrations. Le soir était le plus magique, la nature sauvage et implacable, avec cette douceur en même temps, me berçait gentiment. Je regardais les innombrables étoiles dans le ciel en m'endormant, bien au chaud dans mon sac de couchage, couchée à même le sable : le confort absolu.

Les matins étaient aussi splendides, avec les dromadaires s'activant dans une lenteur agréable et ce paysage d'acacias si doux, comme du miel dans les yeux qui vous cajole de sa beauté sereine. Cette douceur aussi dans l'air ambiant, vibrant par moments, comme un brouillard rassurant dans cette immensité sablée, rocheuse et rocailleuse. Des chemins jamais foulés se frayant entre des barrières de roches rouges contrastant avec le sable, qui peut varier du blanc étincelant à l'orange clair, pour passer au rouge vif ! Tant de beauté… à vous couper le souffle ! Les Touaregs s'intégrant au paysage de manière majestueuse, non seulement par leur silhouette longiligne, mais aussi par leurs pas cadencés et calmes, silencieux sur le sable, démontrant leur sagesse intérieure si exceptionnelle. Les dictons et les devinettes en disent long sur leurs expériences de vies, pas nécessaire de parler trop pour ne pas être écouté, il vaut mieux parler peu et savoir être précis. Voilà tout l'art des discussions tamazight ; de plus, dans un silence après chaque petite phrase, qui laisse ceux qui les écoutent dans un certain questionnement, suspendu dans le temps. Car oui, c'est cela, les Touaregs sont suspendus dans le temps, ils savent encore déceler les fréquences de ce monde. Il y en a bien peu qui les perçoivent sur cette Terre si surpeuplée et excitée. Rien ne leur échappe, ils savent écouter au-delà des mots et des actes, ils lisent entre les lignes avec une précision et en même temps un amour de la vie tout à fait à part. Ils n'ont pas besoin de se forcer pour cela, c'est cela qui les rend aussi vulnérables dans notre monde dit civilisé. Les repères de ces vibrations disparaissent dans un brouhaha continuel : difficile pour eux ensuite « d'entendre » le vrai son du monde qui s'exprime au fond du cœur et qui bat au rythme de l'univers entier…

Chapitre 24
Le silence et la paix intérieure

Quels frémissements de calme autour de moi dans cette immensité désertique ! Les sons invisibles d'une atmosphère enivrante de douceur et de pureté, comme si chaque grain de sable frissonnait imperceptiblement. Un passé qui essaye aussi de s'exprimer dans des vagues de chaleur berçante, une émotion grisante vous envahissant avec son lot de sensations totalement nouvelles ou peut-être même retrouvées. Un choc en quelque sorte d'une douceur savoureuse et exquise, vous emmenant au-delà d'océans de quiétude. La chance d'être là, enfin, atterrissant sur cette Terre si vivante, sa beauté subjuguante vous étreignant de toutes ses forces sauvages et vitale. Un état de grâce totale assise sur ce sable si joyeux et tendre et toute l'atmosphère vous entourant comme posée sur l'étoile du bonheur d'exister.

Des paysages aussi aux couleurs intenses et aux douces lignes caressantes, soulignés par une brise goûteuse et sucrée de vie : la liberté ! Cette liberté si extraordinaire de se sentir soi, une fois au moins dans sa vie. Cette sensation est comparable à la suspension d'un trapéziste dans le vide marchant sur un fil de soie. Le cœur tout proche de sa galaxie originelle, l'espace et le temps n'ayant plus aucune prise sur ce moment de vie terrestre.

Rien n'est comparable à un sentiment aussi fort. Tout prend du sens soudain et tout s'émerveille au creux de soi. La magie d'une redécouverte dans le renouveau, d'une fragilité dans la force, d'un équilibre vacillant de stabilité.

Une grande question attendant une grande réponse…

Chapitre 25
La marche avec les dromadaires

Nous étions dans une crique de petites montagnes. Les dromadaires avaient été emmenés se désaltérer à une source proche et j'avais profité d'un moment d'empaquetage du matériel de route pour faire quelques photos originales.

Un corbeau noir s'était posé sur le dos d'un de mes dromadaires blancs préférés, et celui-ci était tout près d'un mur de roches rouges. C'était une image d'une magie totale et d'un contraste vraiment saisissant. Au moment où j'appuyais sur le déclencheur de mon appareil, l'oiseau entendit un petit bruit et s'envola. Mais l'image reste dans ma tête à tout jamais, tellement ce fut d'une beauté spéciale.

Les selles en cuir rouges et brunes rutilantes des dromadaires attendaient de se poser sur leurs dos pour notre nouveau départ vers l'Est cette fois. Il fallait tout de même penser à tout et préparer les « valises », car cette fois, nous allions passer quatre jours d'affilée dans les dunes et les roches, quasi sans point d'eau et sans végétation, et traverser une zone plus aride encore que ce que nous avions pu voir. Des paysages lunaires propres de toutes traces, comme arrivés de nulle part et n'allant nulle part. Et pourtant, nous allions un peu chacun vers nous-mêmes !…

Cette étape fut un peu plus difficile, bien que palpitante. Certains eurent des ampoules graves et il fallait continuer à marcher malgré tout, d'autres avaient souvent soif, d'autres encore ressentaient de la fatigue, mais dans l'ensemble, nous avions tous un bon rythme de marche.

Cela s'apprend la marche et le courage ! Aller un peu plus loin et encore un peu plus loin et toujours un peu plus loin… c'est le principe d'un entraînement sportif. Il faut du cran pour franchir les obstacles de la vie, comme on ferait un peu les Jeux olympiques. Chacun doit aller au plus loin de ses possibilités, et le fait de gagner est surtout avec soi-même, pas pour une médaille, un titre honorifique ou de l'argent, mais pour la fierté et la joie d'avoir été jusqu'où on ne pensait pas aller.

Le dromadaire, bateau infatigable du désert, voguant sur le sable, exemple parfait de l'endurance et de l'extrême capacité à aller au bout de soi-même à chaque traversée aride.

Chapitre 26
Notre monde occidental

Dans notre monde, il y a cette schizophrénie du bien-être matériel à tout prix. Il suffit pourtant de si peu pour être bien dans sa tête et dans sa peau : sentir le vent sur son visage, observer la nature ou les nuages, prendre le temps de savourer la vie et non de l'ingurgiter comme on gaverait une pauvre oie. Toute la problématique de la société de consommation. Achetez toujours plus et gagner toujours plus, en passant à côté du sens profond de sa vie… Quelle tristesse, que de moments et de vies gâchées… Quand on a un peu la chance de vivre dans un pays où il y a des droits équitables pour chacun, alors il ne faudrait pas oublier le sens profond de l'existence et l'essentiel. Se reconnecter au monde de la vie pure et authentique est totalement magique, surtout quand on nous l'a fait oublier pendant longtemps. Il ne faudrait jamais perdre le fil tissé par les anges, celui qui nous relie à notre monde intérieur et aux autres en même temps, dans l'amour et le respect.

C'est une sagesse et un équilibre qui nous mènent au bonheur. Le bonheur qui fait parfois bizarrement peur, car c'est vrai : on dirait que certaines personnes ont peur d'être vraiment heureuses. Cela se gagne et cela se paie « cher » parfois, dans le sens de faire certains « sacrifices », c'est-à-dire de faire abstraction de certains besoins essentiels. Nos idées étant tellement collées à des dogmes et des principes, dont certains ne font que « faire bien » ou « faire joli » dans le paysage, mais qui au fond ne nous rendent pas heureux. C'est la difficulté de s'en défaire qui paraît être un pas assez gigantesque au départ, mais une fois que cet élan est engagé, il ne s'arrête pas et il nous ramène à notre espace intérieur qui est d'une richesse extraordinaire, chaque être humain étant une création de l'univers. La vie est si éphémère et si gracieuse – telle une fée frôlant l'eau de ses pointes de pieds – qu'on n'a pas le droit de la gâcher.

Ce n'est pas le fait de voir le bien partout, mais de plutôt laisser chacun s'exprimer, de réapprendre s'il le faut le respect de la vie s'il a été oublié ou s'il n'a jamais été appris. De le partager aussi sans le garder que pour soi, car il ne sert à rien s'il n'est pas au moins exprimé et partagé. En cela, la plus petite forme de ce respect partagé est un moyen d'action ou de soutien dans chaque recherche de liberté d'expression, le monde ayant soif de vérité, de liberté et de justice. C'est le chemin que suivent les Touaregs entre autres depuis des millénaires. Il y a bien tristement quelques groupements terroristes tuant au nom d'Allah au sein de différents peuples musulmans, outrageant cet engagement profond du respect de la vie. Invention totale justifiant soi-disant la violence, à force de ne pas être entendu peut-être, ou certainement de pensées fanatiques grotesques. C'est bien là que l'on voit que la force du partage et de l'écoute peut résoudre beaucoup de profonds mécontentements. Il ne faudrait pas ignorer l'autre dans sa souffrance, mais avoir le courage de la comprendre afin d'essayer de la guérir. Si le dialogue de la paix est totalement impossible, alors la fin du monde est proche. Mais le temps des barbaries est une époque qui devrait vraiment appartenir au passé. L'humanité a le devoir de prendre ses responsabilités dans le tumulte des changements profonds subis, modernité et tradition devraient s'allier pour avancer sur le chemin de l'évolution, ceci dans tous les domaines, pas seulement dans des domaines dits ouverts comme l'art, la communication ou la médecine. Mais aussi dans des domaines cloisonnés de dogmes et de principes rigides comme parfois la religion, l'argent, la politique ou le pouvoir. Dans ces domaines-ci, il faudrait y mettre un peu plus d'ouverture d'esprit et enlever toutes ces toiles d'araignées gluantes.

Modernité ne voulant pas dire faire tout et n'importe quoi, mais ouvrir les chemins des possibles pour rendre la vie meilleure. Sans fermer des portes déjà ouvertes et ne pas donner non plus qu'une seule ligne droite à suivre qui ressemblerait alors à de la dictature.

Dans bien des situations aussi, ce sont les grands de ce monde s'enrichissant toujours plus qui sont mieux défendus que le pauvre clochard du coin de la rue. Ce n'est pas le principe de la démocratie… le plus faible doit avoir la priorité par rapport au plus fort. Là est la justice. Car le plus fort peut se défendre, le faible lui n'a personne. Ce qui est vraiment choquant dans notre société occidentale, c'est le principe du plus fort écrasant le plus faible qui l'emporte. Aberration et manque d'évolution totale, l'époque du T-Rex se régalant d'un simple petit reptile étant toujours d'actualité. C'est bien désolant pour l'être humain qui dit avoir pourtant un cœur et des sentiments pour les personnes qui l'entourent.

Peut-être certains humains ont simplement perdu leur humanité. Ils ne se voient plus dans le miroir de l'eau, mais dans les ténèbres de leurs peurs. La méchanceté, la jalousie et la haine sont des maladies bien difficiles à guérir parfois, certains peuples l'ayant bien compris, souffrant des actes de leurs dirigeants. Car la guerre à la guerre ne sert à rien. Se défendre de l'attaque en force est une chose, mais se venger des injustices étant à proscrire pour retrouver la paix. C'est là l'intelligence de certaines cultures qui vivent bien souvent encore sous des régimes autoritaires.

Chapitre 27
Le thé vert des nomades

Les dunes se dessinaient les unes après les autres dans un tournus difficile à suivre. Une grande habitude de la qualité du sable, du vent, des roches et un sens inné de l'orientation amènent à reconnaître le chemin invisible se dessinant au fur et à mesure. Des suites de rochers coupants et rudes comme déboulés d'une montagne en formation, contrastant avec les sables doux et lisses, finement transformés en poussière de pierre au fil du temps sur des millénaires, étaient surprenants. Comment toutes ces extrêmes se retrouvaient-elles ici ? Une fantastique richesse géologique existait apparemment dans cette région du monde !

Et ces grottes où habitaient les anciens peuples de cette région décrivaient une savane très verte – des grottes souffrant d'ailleurs de la pollution atmosphérique, même en plein désert, car certaines peintures à certains endroits commençaient à s'effriter à la suite de la venue d'un champignon microscopique ; ces peintures ayant traversé le temps au travers des siècles et se disloquant sous l'effet pervers de la pollution. Là on peut plutôt parler de « l'effet dinosaure » et non de l'effet papillon, un battement d'ailes pouvant être toutefois d'une grande portée d'effets non désirés. Je vous laisse imaginer ce que « l'effet dinosaure » peut engendrer alors…

Le réchauffement planétaire associé à l'entrée de la planète dans une nouvelle époque glacière, sans compter le changement de polarité des pôles nord et sud que l'humanité n'a encore jamais expérimenté (commençant tout juste, mais allant durer sur des milliers d'années d'après certains scientifiques), c'est un sacré melting-pot qui nous attend probablement. Malgré et avec tout cela, les médias nous font peur facilement, car ils nous mettent en particulier au courant de tous les drames, ce qui est tout sauf rassurant. La Terre est une planète très vivante, il ne faut jamais l'oublier. Elle est notre maison, mais aussi notre finalité.

Mais retournons au désert et au trek : les couleurs du ciel et des nuages se reflétant sur les dunes donnaient au trajet un goût de repos de l'âme. C'est là que notre guide nous expliqua, pendant une halte, le cérémoniel du thé vert. Le premier thé vert servi est amer comme la vie, le second est sucré comme l'amour, et le troisième est doux comme la mort. La politesse veut que ce thé soit servi avec beaucoup de mousse, faite en versant le thé de très haut dans un petit verre adéquat sans en renverser : tout un art ! Ce thé est aussi très précieux pour neutraliser les bactéries tenaces de cette région très chaude, propice aux bactéries des intestins. C'est une boisson telle un médicament délicieux qui facilite la digestion et qui donne de l'énergie.

Chapitre 28
Le retour au camp et en ville

Les meilleures choses ont une fin, et nous rentrions tous un peu tristes au camp, sachant bien que nous allions devoir faire nos adieux. Je savais pourtant que j'étais venue chercher quelque chose qui m'attendait encore bien patiemment. J'étais juste très curieuse et très impatiente, ce qui ne me rendait pas des plus agréables avec les autres. La force de ce désert m'avait véritablement envoûtée et je ne savais pas encore ce qui m'attendait derrière ce pays nommé Paradis par les peuples arabes, bédouins et bien sûr targuis.

Pour nous dire au revoir (ou adieu), nous nous étions tous assis à une petite terrasse où flottait une musique targuie très reposante, celle-ci étant une manière de raconter les événements de la vie dans le désert. À ce moment-là, mon ami H. dit bonjour à une jeune femme blanche avec son bébé, mariée avec un touareg. Là je vis qu'il était très ouvert aux autres cultures, plus encore qu'il n'y paraissait en tant que guide. Cela me surprit en bien, car je l'avais perçu comme assez imposant. Peut-être était-il tout simplement très sûr de lui ! La femme chez les Touaregs a beaucoup de droits, elle est celle qui transmet le savoir, celle qui garde la maison et elle n'a pas l'obligation de se voiler. Je vis bien qu'il y a un profond respect de la vie et des femmes. Cela me séduisit et je ressentis un sentiment de réconfort profond et de calme, assise face à ce guide si sympa. Par contre, je fus légèrement mal à l'aise tout de même, car je n'avais pas d'intention amoureuse vis-à-vis de lui, mais plutôt un sentiment de connivence et d'être sur une longueur d'onde similaire. J'eus envie d'acheter le disque CD en train de tourner dans ce petit troquet pour immortaliser ce moment si agréable. H. s'empressa d'aller parler au DJ pour lui demander si je pouvais l'avoir et je donnais cinq euros comme remerciement pour cette acquisition spéciale. Un CD nommé « Fleur » comme par hasard… comme le prénom de ma sœur…

Les adieux se firent ensuite dans l'émotion à l'aéroport, tellement cet échange avait été riche ! Je me disais sans arrêt que je ne pouvais pas partir comme ça, mais il le fallait bien… et là je me promis de revenir très vite, et seule.

Chapitre 29
Escale à Paris

Descendue de l'avion, le cœur gros et un peu perdue, j'acceptais la proposition d'un ami du trek de passer la nuit à Paris, n'ayant plus de train avant le lendemain matin. Avec mes sandalettes du désert, je battais l'asphalte gris et je me sentais déjà en écart avec cette grande ville si belle pourtant. Là, je ressentais ce lieu comme un trou noir sans espoir, un abîme dans lequel on aurait pu couler et se noyer… les lumières du désert, où étaient-elles passées ? Allais-je les revoir ? Comment avais-je pu vivre avant sans elles ? Ces questions terribles se bousculaient dans ma tête et je n'arrivais pas à les arrêter, elles tournoyaient dans mon esprit, elles virevoltaient et s'agrippaient à chaque pas de claquettes. Non, ce n'était pas possible, j'avais quitté le désert et toutes ses beautés, tout ce que j'avais cherché toute ma vie s'était peut-être envolé à tout jamais… c'était impossible ! Je n'y arrivais pas et je ne voulais pas laisser tout cela comme un joli voyage de touriste, c'était tellement plus que ça !

J'y avais laissé mon cœur, resté accroché à une branche d'acacias…

L'amertume était extrême, tout me désespérait chez cet ami et dans son appartement aussi. Ce n'était pas de sa faute, mais vraiment il fallait que je rentre chez moi pour réfléchir… mes sens et ma tête bourdonnaient et j'entendais le vent du désert souffler encore dans mes tympans, et ces boules de fétu de paille jongler avec les grains de sable et s'amuser devant mes yeux.

Les Touaregs m'avaient fait ressentir les choses de la vie tellement comme eux-mêmes les ressentaient et moi-même, je leur avais ouvert cette porte si belle aussi. Je quittais ma famille en quelque sorte, celle que je connaissais à peine maintenant ; elle se dévoilait pourtant totalement à moi, comme jamais aucune auparavant. Comment cela se pouvait-il ? Aucune idée, car j'étais bien d'origine européenne et blanche, mais avec des origines aussi des pays de l'Est de l'Europe, peuples nomades parfois un peu encore, très au contact de la nature tout comme les Touaregs le sont. Mais c'était encore plus fort que cela et assez inexplicable, je ne pouvais le définir véritablement à part en les appelant frères et sœurs. Nous étions de la même famille : oui, nous étions du même sang fraternel, nos cœurs battaient au même rythme et nos âmes se mêlaient au vent en mouvement régulier et dense.

Chapitre 30
Au travail avec les habitudes

À peine rentrée chez moi, je réfléchissais ardemment à mon prochain départ pour le désert et les retrouvailles de mes amis. Au travail, j'étais nerveuse et pas vraiment agréable, je ne pensais qu'au désert. Ma collègue me parlait et bien qu'auparavant toutes ses conversations m'intéressaient, là cela me traversait d'une oreille à l'autre sans que je l'écoute vraiment. Le chef de service, un médecin un peu maniaque, mais assez sympa, avait bien vu un changement en moi et il me regardait légèrement différemment, mais non sans respect tout de même. Ma tête était vraiment ailleurs et personne ne pouvait m'empêcher de ressentir ce que je ressentais cette fois.

Les Touaregs m'attendaient aussi déjà, je le savais. Il me fallut à peine trois mois pour m'organiser et repartir. J'allais être vraiment surprise de ce qui m'attendait dans cet environnement d'une beauté dorée et mystérieuse.

Chapitre 31
Le désert et l'inattendu

Je descendis seule à cette escale pour laquelle l'avion fit une halte uniquement pour moi, ayant fait le voyage seule, sans groupe. Simplement un billet d'avion et un hébergement de leur part. Ils étaient là ! H., mon ami, était là aussi. Il était venu m'attendre, quelle gentillesse ! Il fut très heureux de me voir et moi je fus un peu gênée de tant d'attention, donc je filais signer le document officiel d'arrivée, ce qui perturba un peu mon ami. Il me rejoignit et je ne savais quoi lui dire, apparemment un peu attiré par moi. Moi-même je ressentais cette attirance dans le cœur et pas tout à fait comme il pouvait peut-être le comprendre. C'est vrai que nous avions tellement parlé sur Skype, et nous nous étions dit tellement de choses, mais c'est si différent quand on se voit en face, et peut-être avait-il mal interprété ce que je lui disais. Je parlais de grands sentiments pour lui, mais aussi et surtout pour tout le reste de mes amis et amies Targuis. Je me sentais bien sûr très proche de lui particulièrement, mais pas tout à fait comme il avait pu l'entrevoir et moi-même non plus comme j'avais pu le croire en fait. Je pense vraiment que j'étais venue parler, leur parler de moi, les entendre parler d'eux, comprendre mieux ce sentiment que j'avais ressenti avec eux, et l'expérimenter à nouveau, sentir si cette famille allait tenir ses promesses, si j'allais être vraiment comprise et aimée et si moi-même j'allais vraiment les aimer aussi. Ce fut bien sûr le cas, une appartenance et le sentiment de se sentir libre de s'exprimer et de tout dire. Pour eux comme pour moi. Un sentiment aussi de profonde gentillesse partagée et d'amour simple et pur, comme je le ressentais moi-même avant seule, tout au fond de mon cœur. Un partage des émotions couleur pastel, tout en nuance et tout en calme, tout en délicatesse aussi.

Nous nous connaissions, c'était sûr ! Nous étions pareils !

Chapitre 32
La grande Rencontre

Assis dans un petit salon à l'air libre, sur des coussins, nous discutions. Je parlais de moi beaucoup, car je voulais voir jusqu'où ils étaient capables de m'aimer et de me protéger. J'avais tellement besoin de leur amitié entière et sans ambiguïté, et de leurs conseils, de leur écoute, de tout quoi ! H., qui était là, eut une grande discussion avec moi. Il me parla de l'Islam et du prophète, à qui il a été révélé, Muhammad Al'Rassul Allah. Je lui posais des questions et je lui parlais de moi et lui me parlait de religion ! Délire total pour moi à ce moment-là... Je me disais dans ma tête, mais oui, mais oui, parle toujours, tu es totalement endoctriné apparemment... là tu me déçois...

Ma tête bouillonnait et j'allais me réfugier en haut des toits pour rester seule. Je ne dormis pas de toute la nuit et mes idées tournaient sans cesse dans mon esprit que je pensais torturé. T. vint me voir et s'inquiétait, mais je ne voulais pas parler, je ne voulais d'ailleurs parler à personne, seulement rester seule. Au petit matin, dans la lumière de l'aube, j'entendis l'appel à la prière de la petite mosquée toute proche. Une voix immensément apaisante rappelait à tous très vaporeusement et très calmement l'heure de la prière du matin.

À ce moment, une lumière blanche matinale et éternelle envahit mes yeux et toute mon âme, tel un fil blanc horizontal infini tendu dans l'univers entier entouré d'un halo de flocons étincelants. Dieu ou Allah était avec moi, juste pour moi... Cet instant d'éternité et de repos absolu me transperça d'un amour immense. Après cet instant de tant de grâce, je savais enfin pourquoi j'étais venue cette fois-ci : pour me convertir à l'Islam !

Une telle évidence ne m'arriva qu'à cet instant je pense, tellement sa force était immense. Cet éclair blanc était ma Révélation. Je ne savais pas encore ce que tout cela allait m'apporter en bonheur ou en obstacle, mais je sentais qu'il m'était impossible de refuser la proposition-même du Tout-Puissant, transmise par l'Univers.

À ce moment aussi, un instant plus tard, un très joli bal eut lieu sous mes yeux : un chacal blanc très séduit suivit un autre chacal, celui-ci noir, sur le flanc des montagnes. Ils prirent leur temps avant de disparaître en toute tranquillité derrière des rochers. Une future famille de chacals allait certainement se former.

Le lendemain, dans le village, fut organisée une fête pour mon entrée dans l'Islam. On s'était tous réunis dans un local, l'imam parla longuement, puis on me donna la parole. J'expliquai pourquoi je choisissais l'Islam comme religion et tous furent très heureux de ce que je dis.

Je pus choisir mon nom de musulmane. Ce fut un jour merveilleux ! La maman de H. proposa Fatima comme nom pour moi, mais je décidais de m'appeler Islama.

« Que vois-je au loin ? »
– Sud de l'Algérie, 2009 –

Chapitre 33
La balade sur le vaisseau du désert

Quoi de mieux qu'un dromadaire pour marcher sur le sable ? A-t-on vu meilleur outil que leurs pattes veinées et palmées, à la texture rose et douce pour s'approprier la mousse duveteuse sablée de ces terres arides ? Quels agréables « parapluies retournés du désert » comme le disait quelquefois H., notre guide si aguerri, avec leurs longues pattes délicates ! Des béquilles flottantes et un doux pelage pour un confort de marche optimale. Non, vraiment, le dromadaire est le bateau du désert par excellence !

Alors, nous voici près au départ, après une halte sous les acacias, au milieu d'une meute de dromadaires broutant. Les discussions en tamasheq allant bon train, mon regard tomba soudain sur un dromadaire déprimé… Eh oui, celui-ci n'allait pas gaiement grignoter les jolies petites feuilles vertes des acacias comme les autres. Que se passait-il avec celui-ci ? Sa tête tombante, il regardait le sol et ressemblait un peu à une vieille carpette. Je dis brièvement à H. que j'allais un peu voir ce qui se passait avec ce brave dromadaire. On me prévint que ceux-ci avaient parfois des réactions un peu spéciales et agressives… Ah là, je vis bien qu'on ne me connaissait pas bien encore ici ! Je me levais tout de même, sûre de moi, et j'allais vers cette bête toute triste.

Tout près, je le regardais d'abord, ses yeux, ses narines, j'appréciais son souffle. Il avait l'air assez peu écouté celui-ci ! En claquant ma langue au palais, je le fis réagir un peu, mais rien… Il restait là, sous le soleil abrupt, en plein midi et à 50 degrés Celsius. Soit… J'allais donc lui cueillir une toute petite et succulente feuille d'acacia et avec ceci lui frotter délicatement les narines. Là, il se laissa tenter. Puis, en lui parlant, il me suivit, marchant à côté de moi, pour quelques délicieuses feuillettes un peu plus loin. Et voilà, ce dromadaire était pratiquement guéri ! Il broutait copieusement quand je revins vers mes amis, qui écarquillaient les yeux de joie !

Bien sûr, je ne leur fis pas de procès écologique, comme quoi ces pauvres bêtes étaient bien maltraitées, car dans ce troupeau immense, ce dromadaire était bien le seul à avoir eu un tel comportement. J'étais très heureuse, je m'étais fait un nouvel ami à bosse de trois mètres nommé « 'Ejekal ». Son meilleur ami au pelage blanc perlé, appelé lui « 'Djibilej », allait nous suivre aussi dans le convoi que mon grand ami avait organisé. « 'Ejekal » était comme par hasard le dromadaire phare de cette randonnée. Il allait donner le pas à cette traversée.

Nous voilà enfin partis, les bateaux du désert – alias les dromadaires – bien chargés en eau, tapis et victuailles. On se serait cru à l'époque de la route du sel. Mon rêve : le désert, les dromadaires et les Touaregs… Quelque chose que j'avais dans mon cœur depuis toujours et qui se réalisait juste pour moi. Sans savoir au départ que j'allais rencontrer mes meilleurs amis, sans savoir que j'allais retrouver un passé dans le passé… Tout cela n'était pas réel, j'étais dans un rêve, avec ce désert rouge brûlant et ses dromadaires lancinants, accompagnés des longues silhouettes de mes amis frères. Je n'avais rien programmé et je trouvais tout ce que j'aimais profondément, comme ancré dans mon être depuis toujours. Allah ou Dieu était en train de me faire le plus grand des cadeaux : réaliser mon rêve d'enfant !

Ces instants, on ne peut les oublier, la nature vous envahissant de toute sa puissance en vous coupant presque le souffle de sa grandeur et de sa force. Je n'en revenais pas, j'étais au paradis, mon paradis. Calme, beauté, silence, grandeur : tout frémissait de paix et de vie. Quelle sensation d'appartenir au monde des vivants, générosité extraordinaire du Créateur, que l'on ne peut ressentir que dans ces moments précis. Les Touaregs disaient au début de nos rencontres que les dromadaires avaient été créés par le Divin pour aider les humains à traverser le désert, et bien c'était totalement cela !

Incroyable sentiment de sûreté dans cette aridité si belle à vous donner des étourdissements continuels.

Sur une plaine plate de plusieurs kilomètres, parcours absolument riche, avec tous les changements de couleur de sable et de textures rocheuses, H. nous fit soudain sans ménagement nous arrêter avec « 'Djibilej ». En nous écartant, il nous fit tous remarquer un léger tracé ondulant sur le sable. À l'aide d'un bâton, il fit quelques mouvements à cette place. Un serpent assez gracieux sortit brusquement du sable et attrapa assez férocement le bâton ! Pas gros, assez dodu, avec des couleurs pastel et n'ayant pas vraiment l'air dangereux une fois saisi par la tête, il fut tué très gentiment à l'aide d'une pierre ; il s'avéra que celui-ci était extrêmement venimeux et qu'il pouvait terrasser un dromadaire ou un homme sur le champ. Selon l'Islam et pour les Touaregs, les serpents étant très dangereux doivent être tués. C'est vrai que je ne voyais pas qui d'autre viendrait à passer par là, mais apparemment ce chemin était assez fréquenté, en tout cas au niveau de leurs habitudes, nous-mêmes n'ayant pas la même conception d'un trajet fréquenté. Une autoroute du désert avec sa police montée !

Arrivés sous un acacia, nous nous reposâmes un peu de cet épisode qui aurait pu coûter la vie d'un homme ou d'un dromadaire. Une jeep nous suivait parallèlement pour nous apporter toute la batterie de cuisine nécessaire à préparer à manger. Sans accepter mon aide et de bon cœur, T. et H. nous préparèrent un potage délicieux à base de mouton et de la galette cuite dans les cendres. On me fit rencontrer un guérisseur pour discuter, mais j'avais très mal au ventre soudain avec un rhume accompagné d'otites ayant déjà commencé avant l'embarquement en avion. T. m'emmena cueillir quelques plantes pour me soigner. Je lui fis confiance et le mal partit assez rapidement après avoir ingurgité ce terrible breuvage salvateur. Je crois qu'il me fit boire une tisane à base d'armoise. Heureusement, car cette boule étrange au milieu du ventre était très douloureuse depuis longtemps et mon état général à la limite de l'hospitalisation. Il me sauva probablement la vie ce soir-là… Je n'oublierai jamais l'inquiétude dans leurs yeux pour moi à ce moment-là. Les anges bleus du désert m'avaient adoptée, j'étais leur gazelle blanche.

Un peu plus tard, je me sentais bien mieux et nous mîmes de la musique dans le lecteur CD de la jeep. Quelle rigolade ! Danser et rire, en se moquant de chacun, ce fut une soirée inoubliable pour tous ! Nos rires montaient haut dans le ciel et nous remercions le Tout-Puissant de nous avoir fait nous rencontrer, ou de nous retrouver peut-être…

Le soir d'après, au clair de lune, je leur expliquais un peu les coutumes magyares avec quelques mots hongrois. Eux qui parlaient beaucoup de leur culture, à eux aussi à présent et pour un soir de s'intéresser aux origines de ma famille. Le petit frère d'H., Y., lui aussi là, essayait de répéter le bonjour hongrois. Il épelait « 'Jo napot kivanok » en rigolant !

Ce fut une belle soirée de désinvolture, suivie d'une nuit sous les étoiles en toute tranquillité et avec respect, emmitouflés chacun dans nos sacs de couchage.

Chapitre 34
La visite du village nomade

Le lendemain, après un réveil matinal et un bon petit déjeuner, H. m'emmena dans un petit village près d'une magnifique oasis. Là il me montra un puits et il me fit boire une eau d'une pureté extraordinaire. Ensuite, nous allâmes voir une vieille femme, presque aveugle, restée seule au village ce jour-là. Entourée de quelques chèvres galopinant autour de nous, celle-ci nous confia qu'elle regrettait l'époque où le village était plus vivant et où les enfants se chamaillaient encore devant sa hutte. Nous l'écoutâmes raconter un peu son histoire, je comprenais le sens de ce qu'elle disait sans avoir vraiment besoin de traduction ; ses yeux profonds et sombres, mais lumineux, me parlaient de sa vie. H. me dit en gros ensuite ce qu'elle avait dit, c'était à peu de chose près ce que j'avais pu comprendre en la regardant. Dans ses mains ridées et veineuses, on voyait aussi toute sa vie, intense et dure à la fois, remplie de joie et aussi de peines.

Amer comme la Vie, sucré comme l'Amour et doux comme la Mort… Cette boisson de vie qu'était le thé vert reliant tous les Touaregs devant le feu rassemblait à elle seule tous les traits de caractère de cette vieille femme, œuvre d'art vivante de la fierté des nomades.

Après avoir repris les jeeps et laissé les dromadaires à leurs acacias, nous nous embourbâmes un peu plus loin dans le sable sans panique, car mes amis avaient la méthode bien maîtrisée de se désembourber avec des planches sous les roues et une accélération tout en douceur, et nous firent ensuite les montagnes russes sur les dunes pendant quelques kilomètres, nous admirèrent des sculptures naturelles d'animaux dans les rochers et nous rentrèrent enfin au village.

Chapitre 35
Les Aurevoirs déchirants

Voilà, le jour du départ était là. Mes deux amis en avaient le cœur lourd et leurs regards étaient pesants et durs. Je pense qu'ils ne voulaient vraiment pas qu'il m'arrive du mal, ils avaient bien compris à travers mes rires et quelques pleurs, mes moqueries et mes tiraillements, quelles atrocités j'avais pu vivre. Pas nécessaire de leur expliquer les détails, ils avaient tout compris et cela ne les rassuraient absolument pas sur le monde soi-disant moderne, dont ils étaient un peu protégés. Cela donna l'envie et la rage même à T. d'aller expérimenter et découvrir ce monde moderne et il souffrit aussi beaucoup de toute cette tromperie qu'était devenu en bien des choses notre monde, avec son quota de tricheries, d'abus en tous genres et d'éloignement de Dieu. C'est vrai qu'une personne cherchant l'absolu et la vérité n'est pas à sa place dans le monde actuel, tant d'injustices vomissantes aux visages des braves, les percutant sans cesse. Le monde coule dans cette quête insensée vers l'argent ; tels des chercheurs d'or fous, elle nous mène à la destruction du sens même de la Vie. L'auteur Stéphane Hessel qui a écrit le livre « Indignez-vous ! » nous le rappelle bien.

Chapitre 36
Arrivée et départ : l'évasion

Il ne fallut pas longtemps pour qu'on me balançât à nouveau à l'hôpital... Mais qui étais-je pour être si vouée à finir chaque fois dans cette institution ? Je fonctionnais apparemment comme personne ici et les Touaregs, m'ayant si bien protégée, ne pouvaient bien sûr plus rien pour moi une fois en territoire « ennemi » ! Étrange, là où j'avais fait toutes mes études, où j'avais aussi beaucoup d'ami(e)s... Comment cela se faisait-il qu'on m'hospitalise contre mon gré pour des raisons aberrantes, comme ma conception de la vie, ou encore mes pensées d'artistes, ou encore ma médiumnité ? Franchement, je ne comprenais plus rien du tout ! Je tombais sur un infirmier-chef algérien, qui écouta un peu mon histoire. Celui-ci me dit alors de faire ce que je jugeais bon pour moi et si bien sûr j'avais envie de partir, je n'avais qu'à le faire ! Il ne me fallut pas trente secondes pour réfléchir et cinq minutes pour organiser mon évasion (soi-disant) définitive...

« Vous avez trente minutes Mademoiselle », me dit-on près des portes, car j'avais droit à des « sorties libres » comme ils les nomment. D'accord... je passais les portes bleues blindées assez nerveusement avec mon sac à main, je marchais sans trop de rapidité et avec le plus de calme possible et je me dirigeai vers le guichet bancaire en face. Mais pas de chance, malgré le quelque argent qui restait sur mon compte, le distributeur ne fonctionnait pas. Tant pis, le bus arrivait pour aller en ville ; je montais avec une tune dans la main et le conducteur accepta de me transporter pour cette modique somme jusqu'en ville.

Aaaahh… J'étais partie ! La liberté roulait sous mes pieds, et elle avait été réfléchie dans un élan de survie, ce qui la rendait encore plus vraie. Un élan vital pour commencer à oser vivre ma liberté sans limites.

Chapitre 37
Bagages à Genève

Comment cela se faisait-il que je sois en fuite ? De quoi devais-je fuir ? D'un emprisonnement arbitraire ? Oui, et après ? Pourquoi ? Que me voulait-on au fait ?

M'empêcher d'agir peut-être, m'empêcher de m'exprimer aussi, m'empêcher de vivre ma vie ouvertement… en tout cas, apparemment certaines personnes y veillaient sournoisement.

En ville, je cherchais un magasin d'habits pour acheter quelques vêtements et un sac de voyage. Puis, après avoir pris un billet de train pour l'aéroport le plus proche, je partis. À l'aéroport, je ne pus prendre un billet d'avion plus tôt que le lendemain matin. J'allais donc devoir passer la nuit près de l'aéroport. Après avoir cherché une auberge de jeunesse et apprenant que dans celle-ci toutes les chambres étaient occupées, je me trouvais dans une rue commerciale où je rentrai dans un magnifique hôtel cinq étoiles. Cet hôtel était cher, mais tout était complet et j'étais fatiguée de chercher. Je montais dans cette chambre très propre et très belle, mais je m'y ennuyais assez vite. Je décidais donc de descendre marcher un peu en ville. Pas loin, j'entendis de la musique, un piano-bar jouait… J'entrai, il y avait une soirée sympa et tout le monde riait sans être bêtement ivre. Je m'asseyais à une table et je commandais quelque chose à boire. Je fus surprise que le jeune homme au piano-bar engageât la conversation avec moi ; son amie vint aussi se joindre à la discussion. Je riais bien et nous échangeâmes plein de bêtises. Puis, la jeune femme vint s'asseoir en face de moi et nous discutâmes un long moment de choses sérieuses. Je lui racontais tout en très grandes lignes et elle me dit finalement une très belle phrase : « Vis la vie que tu désires et n'écoute personne ». Je ne l'avais pas amenée à me dire cela, je lui parlais de mes doutes, de mes espoirs, de mes difficultés et cette phrase me surprit, car je vis bien à ce moment-là qu'elle vint du fond de son cœur, elle qui était aussi une artiste et qui aimait sa liberté avec son ami.

Chapitre 38
La peluche

Après l'atterrissage à l'aéroport Boumedine, tard vers 22 h, des taxis se disputaient pour me conduire, mais sans insister trop non plus. Un taxi sympa me proposa de m'amener à F., banlieue d'Alger. Je me dis, ce nom de ville me dit quelque chose, et j'acceptai sans hésiter ! Là, toujours sur le conseil du taxi, je trouvai un petit hôtel très simple, l'hôtel Dahak, en plein cœur de F.

Le lendemain, je m'habillais avec hâte, pressée de découvrir cette ville et me dirigeant inconsciemment ou consciemment vers la plage et la mer. J'y vis des pêcheurs, ramenant leurs filets de pêche, une jolie plage très calme et, pas loin, juste sur un monticule, un fort ancien, datant d'avant la Première Guerre mondiale probablement.

Plus tard, ma mère me rappela que mon père avait beaucoup d'amis dans ce lieu avec qui il allait faire cuire le méchoui ou les merguez sur cette fameuse plage… Plage où j'avais atterri le lendemain de ma venue en Algérie… Mektoub… le destin…

Donc, je fis le tour de ce fort un peu laissé à l'abandon. Il y avait une croix gammée sprayée sur une colonne de pierre, gisant par terre. Un vieil homme vint ensuite bizarrement me tendre de l'argent… Il m'avait vue m'attarder et crut que je vendais mes charmes ! Je lui dis de me laisser tranquille et il n'y eut pas besoin d'insister beaucoup pour cela. Cela gâcha un peu ma découverte de ce vieux fort (utilisé à l'époque pour observer la mer et les navires).

Puis je vis un beau marché couvert. Moi qui aime les marchés, j'allais voir ce qui s'y passait avec joie ! Je m'arrêtais devant un beau stand, où une peluche attira mon attention. En y regardant de plus près, cette peluche ressemblait à s'y méprendre à mon chien Maxilou, resté en Suisse. Je riais à gorge déployée, car vraiment c'était incroyable de trouver cela ici ! Puis un jeune homme ria avec moi, car il trouva cela très drôle aussi. Nous nous parlâmes un moment en riant et j'avais comme cette impression étrange de le connaître depuis toujours. Il me proposa de me guider à travers F. et d'aller boire un thé. Je n'hésitais pas longtemps, j'étais en confiance, j'avais parlé à son père sur le stand de la peluche deux minutes auparavant et ce monsieur avait l'air d'une très grande gentillesse. Je ne pensais rien risquer avec son fils. J'étais à l'aise vraiment à ce moment-là.

Z. m'emmena boire un excellent thé vert sur une petite terrasse à l'abri des regards. Puis nous parlâmes un peu. Il me dit qu'il n'avait pas trouvé la femme de sa vie… Il la cherchait encore. Sur le moment, je ne compris pas que c'était en fait une proposition directe.

Les jours suivants furent un rêve éveillé. Nous nous amusions beaucoup, et allèrent nous promener au bord de la plage, parlèrent de tout, de nos vies, de nos envies, de nos rêves justement et tout paraissait possible.

Une nuit, nous étions sur la plage à regarder les étoiles et celles de la ville, Alger, au loin. Là nous nous regardâmes dans les yeux – ce fut évident que nous allions vivre quelque chose ensemble.

Le jour d'après, Z. était au stand de son père et là, je vis qu'il tombait très amoureux de moi, au point de perdre l'équilibre en pleine rue… C'était très joli quand même. Une fois chez lui, je le regardais intensément dans les yeux durant quelques minutes comme hypnotisée.

Chapitre 39
Le visa court séjour et l'incarcération

J'étais partie de la Suisse et j'avais pris l'avion sans visa, un visa mettant deux à trois semaines à être produit, je n'avais pas eu le temps de le faire, vu que j'étais partie sans pouvoir m'organiser de l'hôpital psychiatrique. Le médecin qui m'avait aidée à m'enfuir m'avait assuré qu'on ne me chercherait pas durant les prochaines vingt-quatre heures et même qu'il allait essayer de signer une sortie définitive de l'hôpital pour m'aider un peu à me dépêtrer de ce guêpier psychiatrique.

Z. fut très surpris une fois que je lui racontais tout, il ne me crut pas totalement d'ailleurs par la suite, car l'ami de ma mère s'en mêla, disant à sa famille que j'étais activement recherchée !

Avant que toute cette histoire me rattrape, Z. fit pour moi un hébergement à la Daïra (service de la population) pour ne pas avoir de problème avec la police. Mais justement… L'ami de ma mère, P., appela le papa de Z., et il commença à lui raconter des choses terribles sur moi, que j'étais une malade dangereuse complètement irresponsable et il raconta à la police que la famille de Z. m'avait kidnappée !

Mais alors, aucune logique : on ne peut pas kidnapper une personne dangereuse, mais plutôt une victime – apparemment j'avais le rôle de la victime et en même temps du bourreau ! Ce fut la fin d'un beau rêve… Z., ayant pris peur, me convainquit de rentrer en Suisse par le premier avion. Il me ramena à l'aéroport et me tendit mon passeport de manière glaciale. Cela me fit un choc immense et me perturba profondément.

L'avion partit sans moi, car j'étais occupée à m'intéresser à la population de l'aéroport et à ce qui s'y passait, avec plein de questions dans la tête, sachant aussi ce qui pouvait m'attendre en Suisse dans cet affreux hôpital. Je n'arrivais pas à me résoudre à partir comme ça, surtout après avoir assisté au fait qu'une femme, assez obèse, attrape violemment et furieusement deux enfants jumeaux, une fillette et un petit garçon, venus se réfugier près de moi, en s'agrippant à une barre de métal de la file d'attente pour l'embarquement dans l'avion. Elle était passée, les avait pris avec violence par un bras chacun et les avait fait passer devant toute la file alors qu'ils hurlaient… et sans même montrer ses papiers d'identité aux douaniers !... Une sorte de kidnapping ou bien avais-je eu une hallucination éveillée ?... Non, cela s'était bien passé devant toute la file de touristes. Ces deux bambins adorables avaient été enlevés devant moi !

Cette soirée-là fut très spéciale. J'étais restée dans l'aéroport pour cette raison bien sûr. Une femme targuie du désert à côté de laquelle je m'étais assise me parla. Elle sembla me reconnaître et elle m'appela « 'Semuk » pour je ne sais quelle raison, puis elle me parla dans sa langue natale. Je saisissais précisément ce qu'elle me dit à ce moment sans connaître cette langue, pour moi étrangère, et sans me rendre compte qu'elle ne me parlait pas en français. Après deux heures de conversations environ, je lui demandai dans quel langage nous avions parlé… Elle hocha la tête en me faisant comprendre qu'elle ne comprenait pas ce que je venais de dire et qu'elle ne parlait pas français…

Cela ne m'a toujours pas été clairement expliqué, peut-être une sorte de médiumnité. Aucune idée en fait comment cela fut possible exactement, c'était la deuxième fois que cela m'arrivait. Il paraît que lorsqu'un nourrisson entend parler une langue uniquement durant la toute prime enfance, à l'âge adulte, il sait la comprendre et même la parler « instinctivement », même s'il ne la pratique pas du tout habituellement.

Je ne connais d'ailleurs toujours pas la signification exacte du prénom « 'Semuk », à part que ce nom désigne un lieu en Turquie, là il y a des chutes d'eau et où les gens vont se purifier dans les sources.

La police vint me parler gentiment pour m'amener au poste, car je n'avais pas pris l'avion afin de leur expliquer ce dont j'avais pu être témoin et ce qui s'était passé devant moi à la file d'attente pour l'embarquement. Je les suivis donc volontiers. Ils étaient sympathiques jusqu'au moment où ils changèrent de ton avec moi, après un coup de téléphone de l'ambassade…

J'appris ensuite que ce téléphone venait de la Suisse et d'un certain curateur en particulier (je m'en doutais sur le moment).

On m'amena dans une fourgonnette, je ne savais pas où et je n'osais pas poser la question. Pourtant, j'essayais de ne pas montrer ma peur. Ensuite, on me fit entrer dans un hôpital psychiatrique (un des plus durs de toute l'Algérie) face à face avec un psychiatre ou devrais-je dire un fou.

Ce fut un vrai inquisitoire… la « 'gestapo » qui m'interrogeait. Je dis franchement les choses et cela les énerva, je ne sais pourquoi. Puis deux infirmiers (ou plutôt deux fous) m'attrapèrent et me déshabillèrent. On me vola mon sac avec mes affaires. J'eus peur qu'on me viole, mais heureusement, ce ne fut pas le cas.

Ensuite, ils m'injectèrent une grande dose de médicament, et je sombrais presque tout de suite dans l'inconscience. La suite ne fut pas drôle, les traitements aux soi-disant malades ou même aux vraies malades (j'étais dans le secteur des femmes, les femmes et les hommes étant séparés dans les hôpitaux en Algérie) étaient durs et sans pitié. Une infirmière sadique vint me parler gentiment, puis elle m'amena à l'infirmerie pour m'injecter ensuite, encore une fois, une dose si forte que je tombais instantanément avec un bruit sourd sur le sol, incapable de me relever, complètement sonnée, ceci après déjà avoir été « endormie » trois jours – soit soixante-douze heures sans manger ni boire…

Non, là j'étais consciente d'être en enfer, ou proche de celui-ci. Je n'étais pas la seule sur qui ces personnes se défoulaient. Les malades étaient en fait tristes simplement, les vrais malades étant pour la plupart le personnel soignant.

Une fois que je repris à nouveau mes esprits, une jeune femme très gentille me conseilla de jouer leur jeu, sinon je risquais d'être encore davantage maltraitée. Alors j'acceptais moi aussi tout ce que cette terrible infirmière voulait. Elle voulait qu'on mange, on mangeait. Elle voulait qu'on se taise, on se taisait. Elle voulait qu'on nettoie tout, on nettoyait tout. On appelle ce genre de personne une tortionnaire. Enfin, elle prenait beaucoup de plaisir à faire son « travail ».

Chapitre 40
L'attente

Je voyais passer le temps, les secondes s'égrainaient si lentement, je pensais à Z... pourquoi m'avait-il abandonnée ? Savait-il où j'étais ? Se posait-il la question de savoir ce qui m'arrivait ?

Je passais des journées entières sur un lit miteux, dont le matelas était plus que douteux avec les ressorts du sommier grinçant à tout va. Je transpirais beaucoup, ce furent des moments très durs. Je repensais à mon père et à ce rêve que j'avais fait il y avait longtemps, où il se trouvait au bord d'une plage avec nous, mon frère, ma sœur et moi, des dauphins jouant avec nous dans les vagues, notre mère arrivant avec le pique-nique de midi. Ce rêve dans mon cœur me donnait de la force pour endurer cet enfer.

Un matin, j'entendis quelqu'un épeler un numéro de téléphone. Je me dis, tiens, il a dit trois fois sept : « 777 » ...

Là, cela me fit tilt ! Le numéro de téléphone que Z. m'avait donné avait trois fois le sept... et à la police j'avais donné un numéro avec deux fois le sept...

Je me souviens du numéro de téléphone de Z., je l'avais toujours en tête. Je demandais à un infirmier sympa de bien vouloir me prêter son téléphone portable en lui expliquant rapidement pourquoi. Il fut d'accord, même s'il n'en avait pas le droit. J'appelais Z., qui fut surpris, mais immensément content de m'entendre ! Il me dit qu'il allait venir me voir dès que possible. J'étais heureuse, il ne m'avait pas oubliée et il regrettait de m'avoir rendu mon passeport de cette manière pour rentrer chez moi.

Mais personne… Chaque jour, je demandais si j'avais de la visite, on me disait que personne n'était venu. Je savais que ce n'était pas vrai – je ressentais très fort que derrière les portes, sur un petit banc, Z. et sa mère m'attendaient pour me voir. Et de mon côté, on me disait que personne n'était là pour moi. Je me sentais bloquée et sans pouvoir de décision ou d'action possible. Qu'allais-je faire ?

Je décidais de contacter l'ambassade de France à travers un médecin sympa afin de me sortir de là.

Enfin, après trois semaines d'attente, une femme travaillant à l'Ambassade promit au téléphone de venir me chercher pour organiser mon rapatriement en Suisse. Tant pis si je retournais à l'hôpital en Suisse, j'avais les moyens de me défendre cette fois. J'avais un allié, ce médecin qui m'avait aidée à m'échapper ou, en tout cas, à prendre de la distance avec toute cette folie de « soins » à outrance et inadaptés.

Chapitre 41
Le vol de retour

La matinée de mon départ, j'attendais encore cette femme formidable travaillant à l'ambassade avec une immense et réelle impatience. Elle avait en fait un peu de retard simplement. Quand elle fut enfin là, je fus vraiment soulagée. Nous allâmes en voiture d'ambassade jusqu'à l'aéroport. Là, elle me proposa de boire un café, j'acceptais volontiers. Je lui demandais si je pouvais téléphoner avant de partir, elle me dit oui bien sûr. J'appelais Z. pour lui dire que j'allais prendre l'avion. Il était soulagé que je sois sortie de cet hôpital sordide.

Allions-nous nous revoir ? Aucune idée…

Ma mère vint me chercher à l'aéroport de Genève, en pleurant. Elle avait eu si peur pour moi. Mais ne comprenait-elle pas que son ami y avait été pour quelque chose dans tous mes déboires et péripéties !

Elle m'amena ensuite à l'hôpital, et je me dis à ce moment vraiment intérieurement, cette place est ma niche comme pour un chien. C'était navrant de toujours recommencer le même discours, sans être jamais vraiment tout à fait comprise, ni écoutée, ni même crue…

Chapitre 42
Séjour forcé et amitié

Arrivée en Suisse à l'hôpital, on me mit dans une chambre avec une jeune femme somalienne, qui était musulmane. J'étais contente de me retrouver avec une femme aussi adorable et je me liais d'amitié rapidement avec elle.

Je me demandais quand enfin je pourrais retrouver ma liberté. Il fallait d'abord passer quelque temps dans ces lieux sordides, un peu moins sordides quand même que ceux de cet affreux hôpital à Alger, mais avec des infirmiers et des infirmières par contre tout aussi sadiques.

Heureusement, il y avait cette femme si gentille. Elle me donna des conseils : toujours respecter sa mère quoi qu'il arrive, car c'est elle qui t'a donné la vie… Oui, malgré les incompréhensions, je devais le respect à ma mère. Mais moi, me respectait-on ? Pas vraiment, personne ou presque ne m'écoutait sérieusement…

Sauf quelques amis et amies, eux me comprenaient bien tout de même et ils se posaient beaucoup de questions. Ou tout du moins croyaient-ils à ce que je disais, même si certaines choses ne semblaient pas tout à fait logiques, car j'étais parfois encore dans certaines confusions. Mais cette « hospitalisation » m'avait secouée et j'étais bien là, dans une réalité sordide.

Chapitre 43
Sentier du bonheur…

Une fois proche de la date de sortie de l'hôpital, il fut nécessaire de faire un compromis avec les médecins. Je devais toujours rester sous curatelle et prendre une bonne dose de médicaments, car j'étais d'après eux, très atteinte psychiquement. Je n'avais pas le choix que d'accepter, sinon, à nouveau, on me retenait à l'hôpital de force.

Alors arriva le moment de l'autorisation de rentrer chez soi… Une fois à la maison, j'étais perdue, mes repères étaient, comme ils l'avaient déjà été auparavant, flous et imprécis. Un calvaire même à la maison, bourrée de médicaments, comme dans du coton très inconfortable, enfin complètement droguée. Qu'allais-je devenir ?

J'avais écrit une lettre à Z. depuis l'hôpital pour lui expliquer qu'il s'était trompé, mais sans le lui dire directement, enfin pour lui dire en fait que je l'aimais tout simplement et qu'il ne devait pas me juger sans savoir. Sur ce, étant encore à l'hôpital, il m'avait appelée le soir tard plusieurs fois… Je n'avais pas répondu tout de suite, de peur d'avoir une réponse qui ne me plairait pas, mais je sentais que ce n'était pas le cas, je le ressentais dans mon cœur qu'il m'aimait aussi, et qu'il devait absolument me croire, car je ne mentais pas. Peut-être, très fatiguée, j'avais été trop loin dans mes rêves, dans ce que je désirais profondément, et je les avais fait presque vivre… Ne dit-on pas que quand on y croit, cela se réalise parfois ?... En marchant toujours dans la même direction, on finit par atteindre son but !

Les rêves sont là aussi pour nous motiver, si on y croit vraiment très fort, on peut atteindre un sommet dont on n'aurait jamais imaginé l'existence. Les rêves ont permis de faire avancer l'humanité depuis la nuit des temps.

Mais dans mon cas, ce n'étaient pas des rêveries, mais de forts ressentis, et avec des médicaments, ces ressentis sont fortement bloqués et annihilés.

Le sentier du bonheur ou de la liberté est bien celui qu'on trouve tout à l'intérieur de soi – dans ses désirs les plus profonds. S'ils viennent à la surface, c'est là qu'on ressent le bonheur et la liberté d'agir et de vivre.

Le Sentier du Bonheur

– Printemps, Fribourg, Suisse, 2012 –

Chapitre 44
Compromis

C'était le temps des compromis – jouer un rôle, porter un masque pour vivre ou survivre comme on le souhaiterait un tout petit peu. Mais il le fallait, je n'allais tout de même pas rester à l'hôpital et y vieillir sous prétexte que j'étais folle… Une médium-voyante n'est pas malade, elle « voit », car c'est un don, un don du ciel même, ou alors une malédiction aussi, car tout a son revers de médaille, là est bien sûr le problème. Une chose différente a surtout toujours du mal à être acceptée, surtout par la majorité, et surtout si c'est quelque chose de peu commun ou même pire, d'inconnu. L'inconnu fait si peur – il faut plonger dans l'eau noire, sombre, trouble… Sans savoir si cette eau contient des monstres, des bactéries ou encore le pire de nos cauchemars, l'imagination fait bon train… Cette eau si opaque peut par contre être de l'eau limpide, claire comme de l'eau de roche une fois le jour arrivé. Il faut parfois se lancer dans l'inconnu, c'est ça aussi le courage. Les compromis étant aussi une eau soi-disant sombre, dans laquelle on plongerait tout doucement, d'abord avec la pointe de pied, puis ensuite entièrement très lentement, comme si l'eau était gelée. Très difficile exercice pour moi qui suis une tête brûlée…

Chapitre 45
L'Algérie

Je reçus un peu après mon arrivée chez moi une lettre, elle portait un timbre de l'Algérie. C'était Z… Il m'invitait en Algérie pour qu'on se marie. Je ne m'y attendais tellement pas que je ne savais pas comment réagir. Devais-je l'appeler, devais-je répondre positivement après tout ce qui s'était passé ? J'étais un peu perdue. Pourtant, nous nous étions téléphoné plusieurs fois depuis le moment où nous avions repris contact.

Son père, A., le gentil monsieur du marché, m'appela. Il me dit que je devais me décider si oui ou non je venais en Algérie pour me marier avec son fils. Il le dit d'une façon si délicate que je ne pouvais refuser. Bien sûr que j'allais venir, et le plus vite possible même !... Mais je ne savais pas encore à ce moment-là dans quoi je m'étais engagée…

Le médecin qui me suivait se fit beaucoup de soucis, ne voulant pas que je parte sans un minimum de précautions. Il a fallu qu'il prépare aussi un document qui précisait que je transportais des médicaments en assez grande dose (pour trois mois) et que j'en avais l'autorisation. Il me fallait aussi sur place consulter un médecin pour être sûr que je ne « rechute » pas… Il est vrai que toutes ces hospitalisations à répétition m'avaient finalement fragilisée. Ce n'était pas facile de vivre avec aussi peu de soutien, car alors mon esprit s'emballait un peu, mais fallait-il vraiment que je prenne ses doses faramineuses de médicaments ? Je n'en étais vraiment pas sûre et tout cela me donnait le vertige par rapport soi-disant à ma fragilité.

Quand on pense à toutes les pathologies dont nous souffrons, on se dit que l'on est tous et toutes complètement malades dans cette conception de la médecine.

La preuve en est que tout cela est dirigé par l'argent et que l'industrie pharmaceutique se remplit les poches de milliards avec nos « maladies ». Une équipe de psychiatres avait prévu dans les années soixante de trouver un médicament pour chaque humeur afin de régler le plus de personnes possible. Quelle horreur ! C'est ce qui est en train de se passer, là sous nos yeux, tous les jours… N'importe qui prend n'importe quoi après deux minutes de consultation, sans tests préalables, sans prise de sang, sans filets quoi !

Chapitre 46
Mariage et Fatiha

Après une organisation monstre pour avoir le droit de partir (…) afin de me marier, je pris un vol pour Alger. J'étais fatiguée, mais heureuse de retrouver Z. – j'allais pouvoir lui expliquer plein de choses, mais je n'allais pas imaginer qu'il lui faudrait dix ans pour comprendre un peu le fond de mon histoire, de notre histoire, car bien sûr, c'était lié à lui.

Ce n'était pas évident à concevoir et donc difficile à croire. Mais cela ne le devient plus si on a en face de soi des interlocuteurs très ouverts.

Z. avait changé, il n'était pas aussi romantique qu'au début, mais je me disais qu'une fois tous les deux seuls, on se retrouverait.

La petite cérémonie (Fatiha) s'était très bien déroulée, mais d'une manière assez rapide et sans prendre vraiment le temps – une grande partie de la famille voyant évidemment une belle aubaine à ce que Z. épouse une soi-disant riche femme venant de la Suisse…

Mais ce qu'ils ne savaient pas tous, c'est que je survivais tout juste, avec une petite rente et un job de temps en temps, presque une vie de bohème en quelque sorte. Et en plus, on me croyait un peu folle, donc j'étais peut-être une proie facile pour certaines personnes peu soucieuses de mon bonheur. C'est bien ce qu'ils croyaient, mais en tout cas pas ce qu'on allait essayer de me faire avaler tout cru, et j'étais loin d'être dupe, haut perchée sur mon don de médium qui me permettait de tout ressentir et tout analyser à la vitesse de l'éclair. Un don bien pratique tout de même pour entendre à la porte du cœur des hommes et des femmes…

Cela me fit mal qu'on essaie déjà de rouler cette union un peu dans la boue, mais encore une fois, je me disais que la vie ensemble permettrait de tout bien niveler et tout rectifier.

Chapitre 47
La vie en commun

J'étais rentrée en Suisse et Z. devait rester en Algérie et attendre d'avoir le droit de venir me rejoindre. Encore une aberration totale, mais il fallait s'y plier. Comment peut-on séparer un couple durant de longs mois à peine après un mariage ! C'est tellement cruel comme procédure. J'ai beaucoup souffert durant ces premiers mois de mariage, mariée et seule, seule face à tout, face aux insultes de certaines administrations malpolies qui me balançaient au visage que mon mariage allait être raté, vu qu'on profitait de moi – évidemment, je n'avais aucun bon sens, j'étais folle pour ces gens-là.

Cela ne venait pas des instances policières du contrôle des étrangers et de la population, mais de petites administrations sociales véreuses, totalement corrompues (… eh oui… même en Suisse…).

Je n'écoutais pas ces insultes de bas niveau et je continuais dans ma vie comme je le ressentais, du mieux que je pouvais, car on m'obligeait encore à prendre une pelée de médicaments très dangereux pour la santé. Il valait mieux que je mette la sourdine si j'avais envie que mon mari vienne vivre avec moi, pas le choix…

Z. vient me rejoindre cinq mois plus tard. Quelle joie de le voir arriver à l'aéroport ! J'avais l'impression que les problèmes étaient tous derrière, passés. Mais ils n'allaient que commencer, nous n'aurions eu que deux semaines de tranquillité et les attaques allaient ensuite être très très nombreuses et sans aucune pitié.

Le problème est aussi que Z. oublia un peu de se protéger contre les personnes négatives et malintentionnées qui nous entouraient malheureusement. Je l'avais pourtant prévenu plus d'une fois. La prière était aussi un rempart à ce mal, mais pour avoir les pieds sur Terre directement en arrivant dans une nouvelle vie, il faut être très sûr(e) de soi pour ne pas trébucher.

Les difficultés nous assaillirent, mais nous fîmes, bon gré mal gré, face à toutes sortes de préjugés lourds et même toutes sortes de sorcellerie et de pensées extrêmement négatives envoyées contre nous. Il nous fallut trois années et demie pour sortir de ce gouffre et une année de rétablissement. Nous dûmes quitter pour quelque temps la région où j'avais pourtant grandi, pour trouver un semblant de tranquillité.

Chapitre 48
Hommage à un amour de chien

Maxilou était un chien totalement psychologue, un petit soignant ! À chaque fois qu'il y avait une interférence négative envahissant la bonne entente, il s'empressait de nous réconcilier en expliquant les choses de ses beaux yeux jaune-brun mordorés. Il comprenait mieux ce qu'il se passait que nous-mêmes ! C'était une capacité à stopper toutes pensées négatives. Un chien, bien mieux qu'une ribambelle de médecins diplômés jusqu'aux dents et parfois corrompus jusqu'à l'os.

Des balades et des balades dans la nature, à jouer dans l'eau, à gambader dans les hautes herbes, enfin à passer des moments vraiment merveilleux. Il est mort en ingérant de la mort aux rats, assassiné par un individu ayant posé cela autour de la maison, détestant les animaux et la vie elle-même probablement. Maxilou m'accompagna durant treize années de ma vie.

Je ne t'oublierai jamais Maxilou. Tu as tout compris sans rien demander.

Chapitre 49
Les bagarres inexpliquées

Il y avait de l'électricité dans l'air. Z. était sur les charbons ardents et rien ne l'arrêtait, il était parti sur une route de grand danger – le monde des âmes en perdition partout où elles se trouvaient… Bien que cela devait me permettre de comprendre mieux mon rôle sur cette Terre, il n'y avait pas un moment de répit. Des problèmes les uns après les autres, dans un tourbillon incessant de bagarres, sous le drapeau de la révolte ! Mais mon Dieu, quand est-ce que cela allait s'arrêter…

Un jour, au lieu de me demander s'il y avait une fin à ces histoires, je me dis qu'il fallait que j'agisse de manière stricte. Je contactais des religieux, des médecins, des policiers, des psychologues (non corrompus), des infirmiers à tour de rôle, enfin toutes personnes pouvant remédier à un problème apparemment très grave pour Z. C'était comme s'il devenait fou, avec quelques moments de calme et tout reprenait ensuite à nouveau frénétiquement la plupart du temps. Une grande fatigue m'envahissait… Malgré les bons conseils, je ne trouvais pas d'issue au drame se déroulant sous mes yeux, une guerre et une souffrance incessante…

Chapitre 50
Le manque d'argent

Évidemment, quand surgit un gros problème de santé, il y eut eu par la même occasion des problèmes financiers. Une personne en charge payait déjà les factures, car je n'avais moi-même pas le droit de gérer mon argent, étant soi-disant incapable de discernement… Ni même l'homme avec qui je vivais, jugé lui aussi de déficient mental évidemment.

Donc, les problèmes alourdissaient notre budget, sans que Z. soit soigné bien sûr. Personne en fait ne savait ce qu'il avait comme problème, c'était un mystère. Je compris ensuite ce qu'il le perturbait autant, une histoire ancienne survenue en Algérie alors qu'il était enfant (un psychiatre psychopathe le forçant à se prostituer pour de l'argent).

Nous n'avions même pas de quoi manger, le frigidaire était vide et les factures étaient-elles par contre payées par un service de gestion censé aider. Nous étions dépendants d'un système qui nous enfonçait toujours plus dans la misère. Même en travaillant, nos salaires étaient ponctionnés et il ne nous restait rien.

Une vraie vie d'esclaves… J'avais du travail, on me le faisait perdre et Z. le perdait peu de temps après. Je retrouvais du travail, on me déstabilisait à nouveau en appelant l'employeur et en disant des mensonges et des horreurs à propos de moi…

Une fois, deux fois, trois fois… Et on avait réussi à me faire tomber malade. Tous les deux, nous étions totalement malmenés et bousculés dans notre vie, sans pouvoir avoir de vie privée, avec le harcèlement continuel de la part de cet organisme de gestion. Non, c'était intenable, nous étions sur le point de dégringoler dans une misère noire. Il fallait trouver une véritable aide !... Un petit coup de pouce de quelqu'un de sympa !

Et justement cette aide allait arriver opportunément, car c'était là une chance de nous en sortir. Une personne formidable entra dans ma vie de manière spéciale.

Chapitre 51
L'explication des tensions

J'étais obligée de chercher un(e) psychiatre ou un(e) psychothérapeute, car tout le système se grippait et on nous coupait même le peu d'argent que nous avions, et sans cela nous ne pouvions plus vivre (manger et nous vêtir avec un minimum vital). J'appelais donc plusieurs psychiatres de la région en laissant un message sur le répondeur sans que même on me rappelle. En appelant à chaque fois, on me répondait la plupart du temps : « Nous sommes complets, nous ne prenons plus de nouveau patient »... Certainement que ces cabinets de psychiatrie soupesaient le fait qu'ils avaient à faire avec une histoire assez emberlificotée, qu'ils n'avaient pas envie de déficeler. Mais une personne ayant eu le courage finalement de me rappeler fut cette dame qui prouva de manière formidable que les choses pouvaient se délier et tomber pour mieux se relever. Il y avait tant d'incompréhension de part et d'autre. Cela avait rendu le dialogue quasi impossible entre le monde médical bien-pensant et des histoires de vie peut-être hors du commun. Un vrai dialogue de sourds jusque-là, malheureusement...

Mais là, cette dame assez spéciale proposa de regarder les choses différemment, en ne se focalisant pas sur les choses ou sur les faits, mais en « regardant autour des faits produits », en balayant sa vision autour de soi et finalement en allant à la découverte de soi-même avec authenticité et sans le moindre mensonge vis-à-vis de soi-même.

Et là commença la lente progression vers une certaine liberté d'expression, une meilleure adaptabilité au monde et une capacité à appréhender l'avenir. À tendre du gris clair au gris foncé sans passer du blanc au noir ! Que de cadeaux vraiment ! Donc en changeant la direction de sa vision au monde, en regardant autour de soi sans se focaliser, on change aussi intérieurement petit à petit. C'est sans aucun doute un processus de déconstruction et de reconstruction.

Chapitre 52
Melissa

Je n'ai pas encore parlé de cette enfant. La fille de mon ex-belle-sœur s'appelle Melissa. Cette jolie puce que j'ai connue toute petite, se lia avec moi tout de suite, elle qui comprit très vite quel clown sérieux je pouvais être.

Mais il y a des personnes très jalouses et méfiantes partout malheureusement. Un sort étrange avait été lancé contre mon ex-belle-mère et mon ex-belle-sœur. Une entité ayant habité dans la maison familiale les hanta. Ce fut justement Melissa qui m'ouvrit un jour les yeux sur ce phénomène. Avec des photos de sa mère et de sa grand-mère, ce fut évident et j'en eus le sang glacé… J'en étais même tombée malade d'épuisement à force de harcèlements tournés contre moi sans raison et sans explication avec des accusations totalement absurdes, mais très déstabilisantes, avec beaucoup de méchanceté. Le ver était entré dans la belle pomme juteuse, et il allait atteindre le trognon pour le pourrir : il fallait agir.

Il fallut deux ans pour arriver à décortiquer le problème avec finalement l'aide d'un guérisseur, qui aida d'abord mon ex-belle-mère. Ce fut une expérience extrêmement troublante pour moi, la première fois que je pus « agir » et donner mes larmes à la souffrance de l'âme de cette femme entre deux mondes. Je reçus du ciel le canal afin qu'elle parte dans la lumière.

Sans connaître sa vie, je ressentis sa souffrance et mon ex-belle-mère allait pouvoir guérir !

La personne en question, son énergie si tristement négative possédant à tour de rôle mon ex-belle-mère et mon ex-belle-sœur, s'exprima en agressant le guérisseur lui-même, qui récitait avec une grande ferveur, des sourates du Coran. Puis ce fut mon tour d'agir, sans y avoir été préparée, l'entité étant sortie du corps de ma belle-mère. Celle-ci me regarda d'ailleurs durant toute la séance de guérison à son attention. L'entité « m'expliqua » d'âme à âme son vécu en quelques minutes, ses douleurs, ses sentiments. Quelle vie difficile et si douloureuse avait eu cette pauvre femme... Cette si grande sincérité et cette confiance totale furent bouleversantes, mes larmes coulèrent à flots en giclant de mes yeux sans que je puisse même vraiment contrôler mes émotions, mais la résistance de mon cœur et la récitation de prières en association avec le guérisseur permit à l'âme de cette femme de partir rejoindre l'énergie divine.

Ce fut d'une puissance extraordinaire…

Mon ex-belle-mère allait guérir et pour mon ex-belle-sœur, cela allait prendre encore quelque temps. Heureusement que la petite Melissa veillait aussi sur sa maman, elle qui comprenait très bien toutes ces énergies, comme tous les enfants d'ailleurs.

Mon ex-mari ne comprit pas quel était peut-être le plus beau rôle que j'avais à jouer sur Terre. Il avait bien sûr été présent durant la séance de guérison de sa maman.

Chapitre 53
Le processus d'acceptation de soi

Tout doucement vint frapper à ma porte une vision de moi-même différente de celle du passé : et si je m'acceptais comme j'étais, avec mes différences et mes doutes, mes capacités et mes incapacités, mes forces et mes faiblesses ? Et si tout cela faisait effectivement partie de moi, cette aptitude à voir au-delà du monde matériel et pouvait même détricoter des pelotes de laine à détricoter, pour en faire de belles pelotes afin de faire de beaux pulls ? Et si je pouvais faire pencher la balance parfois avec le poids d'une émotion ou d'un sentiment ? Après tout, il n'y avait rien à perdre, ni pour les autres ni pour moi : il n'y avait que plus de bonheur à partager tout simplement ! J'avais rencontré aussi une personne extraordinaire une année auparavant – la chamane brésilienne – avant la rencontre avec le guérisseur algérien. Cette personne, je le savais, pouvait-elle détricoter mes pelotes à moi très emberlificotées.

Un sentiment de paix et de calme vint discuter avec la sérénité retrouvée dans mon âme, laquelle allait être mise encore à l'épreuve par d'autres événements de la vie, mais cela, c'est une autre histoire…

Tableau « Rendez-Vous »
– Série États d'âme funambules, 2020 –

Imprimé en Allemagne
Achevé d'imprimer en décembre 2023
Dépôt légal : décembre 2023

Pour

Le Lys Bleu Éditions
40, rue du Louvre
75001 Paris

www.ingramcontent.com/pod-product-compliance
Lightning Source LLC
Chambersburg PA
CBHW062343010826
49168CB00024B/239

* 9 7 9 1 0 4 2 2 1 8 4 3 0 *